NATURKUNDEN

启
蛰

探索未知的世界

# 夏加尔
## 醉心梦幻意象的画家

［法］ 丹尼尔·马切索 著

周梦罴 译

北京出版集团
北京出版社

两年前，安德烈·马尔罗先生建议我为巴黎歌剧院创作一幅新的天顶画。我颇感心绪纷乱，感触良多，而且感动不已。我对自己疑虑重重，日以继夜思考歌剧院的整体结构。我深深感受到建筑师加尼埃的才华，我要在天顶的高处像镜面似的用一簇簇梦似的构图，反映出演员和音乐家的创作活动，唤起底下观众们衣着上色彩的律动，歌喉舒展宛如莺啼鸟鸣，不去理会创作理论，也不讲究演唱方法。我要向伟大的歌剧作曲家和芭蕾舞编舞者致以崇高的敬意。我全心全意创作，馈赠诸位此作品，以感谢法国，感谢巴黎画派。没有它们，就不会有色彩，也不会有自由。

夏加尔，1964年

# 目 录

**001**

第一章 离开维捷布斯克

**051**

第二章 重返巴黎

**081**

第三章 从流亡美国到定居普罗旺斯

**117**

见证与文献

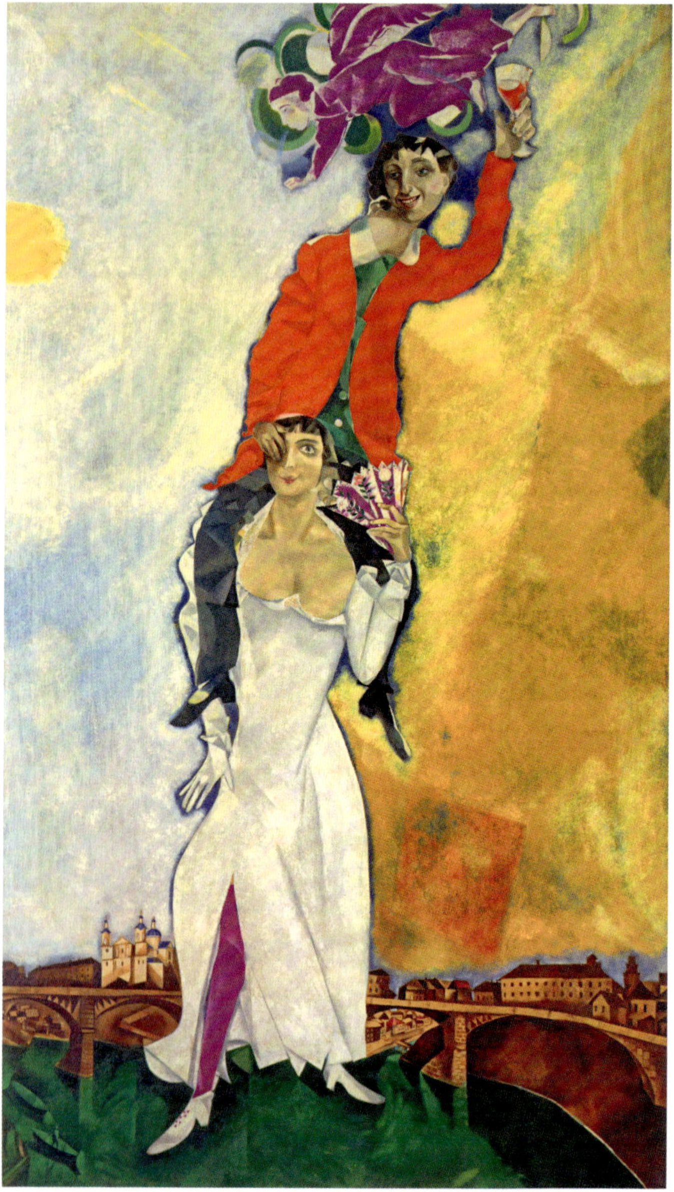

1887年7月7日，在白俄罗斯，离立陶宛边境不远的维捷布斯克市，一个名叫莫伊希·赛加尔的婴儿诞生在讲意第绪语的犹太教哈西德教派的犹太家庭中。父亲扎哈尔是一家鲱鱼货栈的伙计，母亲费加-伊塔经营着一家食品杂货铺。人们预料夏加尔日后将迈出巨人的步伐，从他那积习深重的犹太村脱颖而出——离开犹太人的贫民窟去创造他那充满想象的世界。

# 第一章
# 离开维捷布斯克

《高举酒杯的伉俪肖像》(1917—1918年) 礼赞当时三十岁的夏加尔和年轻新娘贝拉的婚礼。画中他们在维捷布斯克建于1743年的乌斯宾斯基大教堂、一所中学和新建的铁路桥前。右图是夏加尔的父母。

在1812年曾遭拿破仑入侵的维捷布斯克市，其生活是冷酷和艰辛的。在世纪的转折期，那里是沙皇俄国的主要犹太社区之一，犹太人几乎在五万人口中占一半。贯穿夏加尔的一生，维捷布斯克始终是他童年的亲切形象。市内的木头房舍和教堂洋葱形的圆顶形成鲜明的对照，甚至在晚年的作品中他还在回忆北方寒光下熠熠生辉的洋葱形的圆顶教堂。

夏加尔是九个孩子中的老大，常拿家人当作绘画的模特。他们是他内心世界的一部分，以模特的身份参与他的绘画世界。1922年他在自传《我的一生》中幽默地描述他的童年时代：虽然贫穷但却温馨可人，日后形成了他绘画创作的一座熔炉。他在自传的献词中写道："献给我的父母、爱妻及我的故乡。"

夏加尔父母的旧居，位于德维纳河右岸，普克洛夫斯卡娅街上。现在那里挂着画家的纪念牌。室内陈设简陋：一张桌子、几把椅子、一只摇篮、一座挂钟和一面镜子……

## 在犹太传统中成长

他出生的犹太贫民区靠近佩斯特科瓦蒂克大道，前面是监狱和精神病院。也许是命运的征兆，迟迟生不下来他，此时周围突然发生了一场火灾，于是人们把新生儿藏进饲料槽中："首先跃入我眼帘的是饲料槽，简简单单正方形的饲料槽，一半凹进去，一半呈椭圆形，就是集市上的那种。我一被放进去，整只饲料槽就被填满了。"《我的一生》就此开始了。

夏加尔的祖父是犹太教堂的教师和唱经班成员，父亲是普通的雇员，一个粗鲁而不爱多说话的男子汉，夏加尔日后常把他作为虔诚犹太人的原型来追忆：穿着长礼袍，套着祈祷巾（带流苏的披巾），额上佩戴着祈祷用的经文匣，左臂上缠着祈祷用的绳饰（佩戴经文匣），和着圣诗颂唱的节奏摇晃着上身。

那时家境贫困，妇女们艰辛地操持

下面这幅人口众多的全家福摄于1909年。后排左立者是夏加尔，四周是父母、六个妹妹，其中丽莎和马尼亚是孪生姐妹，还有牲畜商纳希叔叔。他们一直都充当画家的模特。

家务。母亲原是辽兹诺镇祭典礼仪屠户之女。夏加尔一直感念母亲,即使不算鼓励,也认同了他想当画家的志向:"是啊,孩子,我知道,你有天分……可这是从谁那儿传下来的呢?"三十年后,夏加尔在其自传《我的一生》中回答了母亲的疑问,他在书中骄傲地提到一位杰出的先祖——哈伊姆·本·伊萨克·赛加尔。早在一个世纪前,乌克兰的莫希列夫一座最壮丽的犹太教堂里的一些壁画,就是出自这位先祖之手。

## 发现志向

1895年夏加尔年仅八岁,俄国爆发新一波的犹太人大屠杀。沉湎于对天才的幻想,他向往成为歌唱家、舞蹈家、音乐家、诗人和画家……他仔细地观察自己的家人、家务杂事和街坊邻居。他们后来都成为他描摹的对象:屠夫、警察、商贩、理发店、杂货铺、银行、动

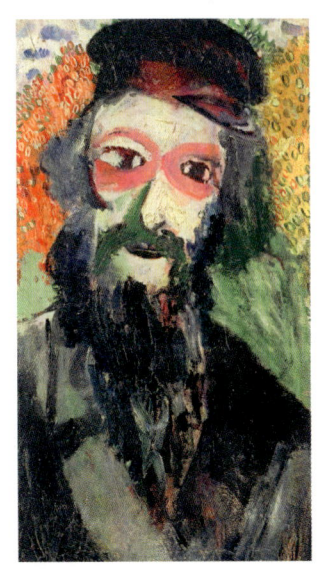

费加-伊塔,夏加尔的母亲(左图)精力充沛地操持家务。为了挣几个戈比,这位高贵的妇人过早地衰老了,她经营着一家小店铺。夏加尔常回忆:"木桶里装着鲱鱼、燕麦、尖糖块、面粉、蓝纸包装的蜡烛,都是出售的商品。硬币在叮当作响。庄稼汉、商贩、教士们在叽叽咕咕地低语,散发出臭味。"

父亲扎哈尔(右图)按照传统,每天早晨去犹太教堂(下图是《在犹太教堂学习》)。"他是居民的中心人物,像个诗人,因沉默寡言而显得有点迟钝,蓄着一把从不修剪的胡子,灰褐色眼珠,赭色肌肤上布满皱纹,脸色时而蜡黄、时而白净,间或露出一丝微笑。"(《我的一生》)

物等。这些构成了他的艺术世界。

全家人虔诚地遵循哈西德教派基于对邻人之爱的教规。每个纪念活动，如安息日、普林节、住棚节、赎罪日都要尊重。父母都是文盲的夏加尔先进入传统的犹太小学就读，学习希伯来语和圣经史。沙皇俄国禁止犹太儿童进入世俗小学，但凭他母亲的一席酒菜，夏加尔得以在十三岁那年进入普通中学，学习俄语和几何学。从那时起他学会了意第绪语、俄语的双语表达方式，日后又增加了法语，所以后来说话时略带有期期艾艾的口吃症。

## 启蒙时期

1906年，十九岁的夏加尔进入了耶乌达·本的画室学画，前后两个月。画室开设在维捷布斯克市中心本老师的私宅中。

在他家的起居室里，一家人围着餐桌虔诚地守着安息日。餐桌上面挂着一盏煤油灯，照亮了餐桌。在餐前的祈祷声和挂钟的嘀嗒声中，时间在慢慢流逝。左图这幅《安息日》（1909年）反映了画家在习艺岁月里艺术上的探索：突出的色彩、家庭的主题、人物的谦恭神态，都是他在耶乌达·本的画室学艺最初阶段的特征。本老师曾为他的学生作了一幅肖像，勾勒出一个自命不凡的青年人形象（下图）。夏加尔当时没有蓄胡子，所以与犹太人的传统有明显的区别。1919年夏加尔已是自由艺术学校校长，请本老师主持一间画室以示对他一片忠诚，且总是把他的作品纳入联展中。

本俄语说得不好，却是众所周知的学院派风景画和肖像画画家。这段短暂的学艺期给年轻的夏加尔留下深远的影响，尤其他笔下的犹太人肖像，在履行宗教仪式时所显现的专注神情，令人联想起耶乌达·本的一些肖像画：《阅读摩西五书》《阐述犹太教法典》《戴无边圆帽的老人》……这段师生关系只持续了很短的时间，但在战争期间又恢复了：1917年，他们分别为对方画肖像。即使早在1906年，夏加尔就已经开始使用狂放不羁的色彩和基本上扬弃写实主义的手法，使画面显得奇谲怪诞："在本老师那儿，我是唯一用紫色作画的学生，这招显得很大胆，于是从那时开始我就不用交学费了。"夏加尔的父亲已陷入一贫如洗的境地，无钱去满足儿子的志向。为了赚点微薄的补贴，他只得去替一位摄影师修底片。1907年，夏加尔终于出发去俄国首都圣彼得堡，口袋里只

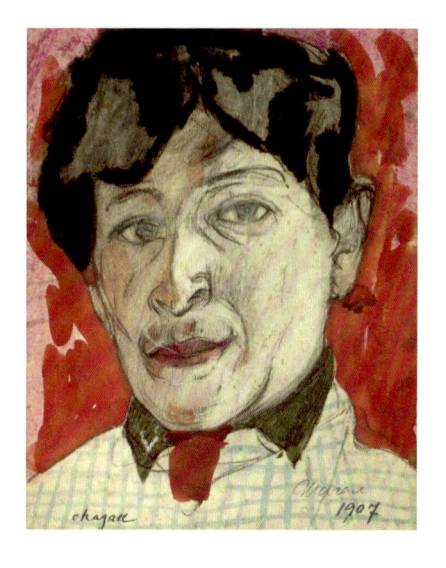

1907年夏加尔画了上面这幅自画像，当时这个受教育不多的穷犹太人还是首次看到壮丽宏伟的圣彼得堡。下图是兹纳宁斯克广场和涅瓦大街街景。年轻的夏加尔无疑曾期盼在那里瞻仰沙皇。

有二十七卢布。当时在涅瓦河沿岸严格执行反犹太法令：只有持特殊许可证的艺术家，才能在那里居住。

艺术资助人戈尔德贝格律师名义上雇夏加尔为仆人，好让他在首都居留，进保护美术作品皇家协会的学校学习维修美术品。但有一晚，夏加尔因未将过期的居留许可证换成新证而遭到一顿殴打，还被关进监狱十五天。

## 莫伊希·赛加尔在圣彼得堡

夏加尔高兴地发现亚历山大三世博物馆，观赏了卢布廖夫的圣像画，赞叹道："咱们的契马布埃。"

正值二十岁时，夏加尔受到了美术学校年轻的校长尼哥拉斯·罗埃里希的极大鼓舞，后者于 1907 年 4 月使他获得缓征机会，随后又豁免了兵役，还获得从 1907 年 9 月到 1908 年 7 月每月十五卢布的助学金。生平首次获得礼遇的夏加尔在一所私立美术学校待了一段时光，校长是赛登贝格——一位民粹主义画家，画风属"巡回画派"。出身寒微、受教育不多的外省人夏加尔生活拮据，与其他穷人同挤在屋角草席上过日子。恰如自传中描述的那样，那盏煤油灯和那把椅子日后成了他画面上的象征性原型：

涅瓦河畔的杜马是圣彼得堡的议会，维纳韦尔曾在此为犹太人的权利辩护。自叶卡捷琳娜二世以来，犹太人被迫居住在划定的区域内。夏加尔听从维纳韦尔的忠告跟巴克斯特学画。右页《握着画笔的自画像》是在巴克斯特那里完成的。此画反映出他受古典大师的影响，流露出合乎情理的自豪感。

"我不止一次怀着羡慕心情注视桌上那盏点燃的煤油灯,暗自思忖,瞧,它烧得多么自在欢快,尽情地喝着煤油,可我呢……"

维纳韦尔是1905年革命后成立的杜马下议院中颇具影响力的民主派议员,也是圣彼得堡希伯来历史与民族志协会的领导人物。他成为夏加尔的良师,安排他住在自己主编的犹太政治杂志《黎明》的办公室里。不久,兹万采娃艺术学校校长莱昂·巴克斯特接收他为学员。兹万采娃创建的这所艺术学校因其在现代艺术方面的创见与开放性而闻名一时,学员中有托尔斯泰伯爵夫人和舞蹈家尼金斯基。夏加尔日后回忆,巴克斯特让他感受到"欧洲气息",鼓励他离开俄国去巴黎。从此,夏加尔开始脱离俄国艺术界,有别于当道的寓意画和艺术理论,桀骜不驯的夏加尔已显现其艺术观的独立不羁和艺术形式的怪诞孤僻,摒弃所有已知的艺术社团或艺术家团体,这倒反使他有股傲然之气。

夏加尔是我最喜爱的学生,我喜欢他是因为他仔细听完我讲课后,拿起色粉笔或油画笔就画出与我截然不同的画,个性十足,这种气质很少见。

——巴克斯特(下图)

## 投身俄罗斯的现代艺术

夏加尔在兹万采娃艺术学校学习了两年。1909年春,巴克斯特和画家兼评论家亚历山大·贝努瓦这两位后象征主义团体《艺术世界》的创建者到巴黎与佳吉列夫会合，夏加尔在一位更创新的艺术家多布京斯基那儿学画，后者第一个向他展示了凡·高和塞尚的复制品。1910年春，夏加尔在《阿波罗》前卫杂志社首次展出作品，发表宣言支持新形式艺术，这在当时以学院派为金科玉律的画家列宾的心目中是桩可耻的丑闻。

这种勇气具有时代风尚的特征，至少可以认为夏加尔已完全投身于欧洲的现代派艺术。在1905年俄罗斯的几次政治起义后，与学院派相抗衡的艺术家们重新改组成了前卫派。这一流派因俄罗斯向革新派思潮，主要是向法国的艺术思潮开放而更显朝气蓬勃。一些艺术杂志贡献很大，刊登艺术家们的重要宣言，组织对比俄法画家作品的画展。这样，夏加尔和同时代的画家得以认识自野兽派（马蒂斯、德兰和弗拉芒克）及德国的表现主义，一直到意大利的未来主义画家，这些欧洲造型艺术中最新的亮点。

1907年在圣彼得堡，布尔柳克兄弟与诗人马雅可夫斯基一起建立了俄罗斯第一个未来主义团体，随后与其他一些离经叛道的艺术家们，如拉里昂诺夫、冈察洛娃、马莱维茨和塔特林一起参加了建于1909年的"青年同盟"。同年，拉里昂诺夫、冈察洛娃在莫斯科举行了第二届"金羊毛"画展的开幕式，同时也举办了"美学自由"画展。夏加尔是圣彼得堡这一如火如荼的新原始主义运动的目击者与参与者，日后侨居巴黎期间他继续为他早期的朋友们组织的俄罗斯前卫派画展寄送自己的作品，其中有《驴子的尾巴》这幅画。夏加尔的技法发展包括不同阶段，从强烈的俄罗斯野兽派到布尔柳克兄弟的"立体未来派"，显示出他在当时那无人能逃避的、狂热欣喜的气氛中也能融合各家观点。

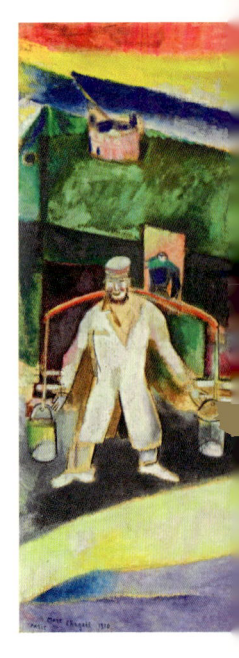

1909年，夏加尔爱上了维捷布斯克一位珠宝商的女儿贝拉。贝拉在莫斯科结束学业后热衷于戏剧。她被这个调皮的男子吸引了，在他出国去巴黎期间等了他四年，后于1915年完婚。在随后的三十年生涯中她一直是夏加尔最钟爱的缪斯。

## "不可为自己雕刻偶像，也不可作什么形象，仿佛上天、下地和地底下水中的百物"
## 《申命记》

夏加尔早就否弃了希伯来的圣像破坏原则（即禁止一切描述人物形象的犹太传统），成为叙事者和意象画家，将直到那时为止仍受语言束缚的造型形式的表述，诉诸对犹太教和《圣经信息》的怀念：现实与传奇、梦幻与寓意，始终是暧昧隐晦、反差强烈的隐喻性主题。这一对现代艺术的倾心，融合着现实和非理性、可见与不可见、民俗和传奇，富有升华主观意念以获得象征的多义性，超越其文化领域和本源文化的使命，这一

《婚礼》（1910年）是留学巴黎的初期作品，是一系列反映维捷布斯克生活的作品之一，后发展出了不同的版本。上图这幅在色彩上雄心勃勃、在构图上肯定明确的作品，体现了传统婚礼的热烈气氛。左边挑水者露出愉悦的神情，乐师们走在婚礼行列之前，小丑则在取悦亲友。

切遂成了他复国的基本信念之一。夏加尔这天生的犹太人随着时代的演进，变成了最广义的教徒。他拒绝所有的教义，怀着对犹太-基督教的抽象信仰拥抱永恒的上帝和仁慈的宇宙。

从他早期油画（1907—1909年）可以看出其技法上无可置疑的进步：《死神》《乡村集市》《圣徒之家》《婚礼》《诞生》。这些对家庭情景的追忆，都具有激情内涵和心灵力度的隐喻性构图，从表示苦难的晦涩阴暗的色调来看，与其说接近西方，不如说更接近东方传统。画中建筑物的构架和散乱的透视关系类似于朴素艺术或新原始主义绘画，人物不成比例的表现方式却导致了庄重、梦幻般的诗意，这在同时代画家中是少见的。笔触虽不够洒脱，但手法却是谨慎、深思熟虑和明显自信的。色调总体上是阴暗的，但也透过几乎乳白色的、均涂的断续色块使画面亮起来。他落笔恣意大胆，通过在出人意料的角度下切割空间和安排散点透视，显示出异样的成熟。至于细部的笔调情趣，尤其是布面油

《死神》（1908年）是夏加尔与兹万采娃艺术学校学生作品一起展出的三幅作品之一。这幅寓意画是他最早期采用明暗手法的典型代表。这之前他画了几幅习作，以确定透视上的对角定向。画家虚构了一个宗教丧葬场面，但实际上与犹太教或基督教传统无关。依据穷人家的木屋可以判断发生地点是在维捷布斯克：死者平躺着，周围点着蜡烛，遗孀在一旁痛哭。清扫工象征冷漠和岁月流逝。天地间一个小提琴手蹲坐在屋顶上，安谧宁静的哀乐表示丧事正在进行。鞋店招牌前鞋匠不适宜的身位表现出夏加尔融合现实与幻想的想象力。

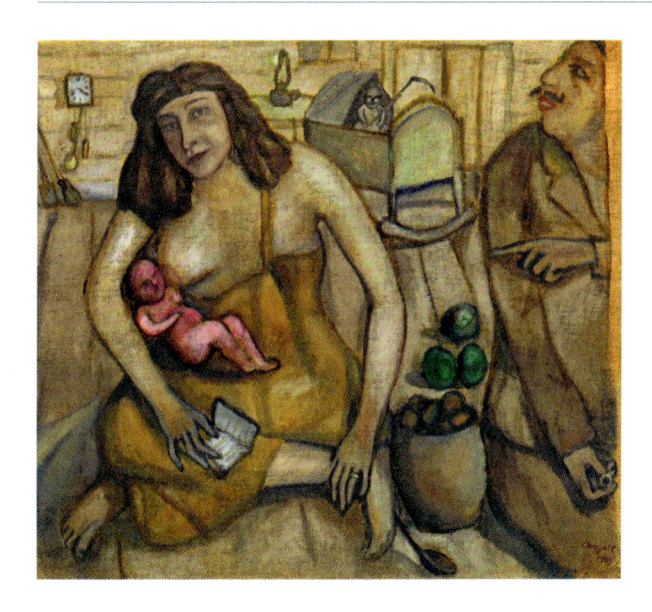

《圣徒之家》（1909年）是对母爱的敬意，同时也是犹太－基督教神话的一种新的翻版。夏加尔在亚麻画布上画了一幕静态的家庭场景，灵感来自俄罗斯通俗画图片，人物用单色涂抹，左边女性的温柔因父亲指头所指而强调出来了。夏加尔抵达巴黎后，从格莱兹和梅青格尔（下两图）所签署的"立体派"宣言中得到启发，以便在现代主义的边缘发展他的画法。

画，可以看到折射出时代审美观的、专注的观察目光。

## "维捷布斯克，我要离开你了……"

1910年8月，几个月来一直资助他的维纳韦尔又解囊资助了他一笔经费，使他得以重新办理居留手续直到1914年。夏加尔终于可以离开俄罗斯去巴黎了。初期的逗留标志着一个决定性的转折：夏加尔决定定居巴黎。一到巴黎，莫伊希·赛加尔就改从法国姓名，从此就叫马克·夏加尔。他先借住在画家爱伦堡的寓所，蒙巴那斯区梅纳街18号。一如往常，他出入好几所美术学校，如"大茅屋""调色板"，任教的有福康尼埃、格莱兹、梅青格尔和迪努瓦耶·德·赛贡扎克。由于经济拮据他只得在回收的旧布、旧床单，甚至在自己的旧衬衫上作画。因此透过《小提琴手》这幅作品的一层画面还隐约地显露出花边装饰的底子。

夏加尔在"蜂巢"画了这幅《献给我的未婚妻》。多亏德洛内（下图）坚持，夏加尔才得以在独立沙龙上展出这幅作品。桑德拉尔在这幅构图奇谲的画上看到了他那位由于火烛不慎引起一场火灾而罹难的未婚妻海伦娜。这就是这一画名的由来。画中少女被砍掉的脑袋正在向妖怪的脸上吐唾沫。那时据阿波利奈尔说，这幅表达"一只抽鸦片的驴子"内容的画，首先被拒展了。此画曾修改过，用金色把有伤风化的细节掩盖掉。对这幅作品的解释始终是极其含混不清的！

夏加尔是在"蜂巢"认识阿波利奈尔的，还在"巴蒂之家"这所艺术家经常光顾的酒馆的桌布上，为他画了这幅讽刺性的肖像画（右页上图）。

比起去画室上课，他更喜欢去罗浮宫研究古代大师的作品。佛兰德斯和意大利原始主义的美学准则，如同法国伟大的古典主义作品一样，构建着他的美学观并解放了他的色彩灵感。他研究德拉克洛瓦、席里柯、科尔贝、勒纳、华托、乌切洛、福凯、夏尔丹等人的作品。

这段时期，对于这位背井离乡、疑虑重重的人来说，是段寂寞的时期。夏加尔喜欢在夜间作画，白天去沙龙和画展，拜访伯恩海姆、迪朗－吕埃尔、沃拉尔，在他们那儿他学会了印象派画家雷东、塞尚、高更及其同时代画家们对空间和光的探索，他成了善于运用绚丽炫目色彩，能迅速领悟野兽派现代观念的画家。巴克斯特称赞他说："现在你的色彩响亮了！"他从立体派借用了解构技巧，但仍怀疑这技巧过于写实。

## 桑德拉尔、阿波利奈尔和其他人

1911年底，被邻居称为"诗人"的画家，迁居至"蜂巢"，附近住着画家莱热、洛朗斯以及许多外国艺术家，他们生活贫乏，但彼此往来。艺术家中有他的同胞：阿尔希宾科、苏蒂纳、扎德金以及作家萨尔蒙、雅各布，他们日后都成了"巴黎画派"的捍卫者。夏加尔结识了一位与他同庚的瑞士诗人桑德拉尔，他为人热情，喜欢旅行，到过圣彼得堡，了解俄国。在侨居巴黎初期，两人很快结为好友，情谊真挚。桑德拉尔如同一把"欢快和响亮的火焰"，与夏加尔同甘共苦，成了他在知识界中的良师益友；

1889年国际博览会举办后，重建于沃吉拉屠宰场附近的"蜂巢"（上图）。它是一个由十二个侧厅组成的中央展厅，顶部筑有中国官帽式的圆顶，把许多画室重新组合成一间间梯形的"蜂巢"，因此而得名。

《献给俄罗斯、驴子和其他人》(1911—1912年),这幅画的标题是桑德拉尔(下图)取的。这幅绘于巴黎的象征性追忆画,是以各种想象的主题为内容的镶嵌画,描绘星空下的犹太村落及犹太-基督教城市。断头的女人一如在《献给我的未婚妻》和《不管在世界以外的任何地方》这两幅中一样,也许象征灵魂从地上飞向天堂。

他把德洛内及其俄裔妻子索尼娅·捷尔克介绍给了画家,还为他的许多油画取名:《献给我的未婚妻》《献给俄罗斯、驴子和其他人》《诗人,三点半》……他把《轻柔的诗集》中的两首诗献给了夏加尔,并在《西伯利亚散文集》中惊呼道:"我会像我的朋友夏加尔那样画出错乱癫狂的油画。"

1912年,桑德拉尔还把诗人阿波利奈尔介绍给画家:"这位是诗歌中含情脉脉的宙斯……这位诗歌、简谱和流畅音节中的宙斯为我们开辟了一条道路。"他造访画室之举足堪载入画史:"阿波利奈尔坐了下来,像捧着一套全集似的捧着自己的肚皮……涨红着脸,鼓起腮帮子,笑眯眯地低声嗫嚅

道：'超自然的！……'"他猜到了画家对"真实"一词的暧昧态度。此词暗示一件充满力量而又折中的作品也可以包含梦幻般无意识的意象。夏加尔日后将《亚当与夏娃》献给了诗人，同样也是献给桑德拉尔、卡努多和瓦尔登的，代表了他创作中完全独一无二的象征性敬意，对四位热忱支持者的感激之情。阿波利奈尔收到他用紫墨水画的肖像后向他回赠了一首诗《罗特索热》（布雷东后来解释说："这是本世纪最自由的诗！"），竟草草地写在一张菜单的背面。遗憾的是，诗人原承诺为瓦尔登于1914年在柏林"狂飙"画廊举办画家首次个展撰写前言，却从未写出。

## "巴黎，有着独一无二的铁塔、绞刑架和大转轮的都市"（桑德拉尔语）

1910—1914年，蒙巴那斯杂居着艺术家和诗人。他们任性随意地重新定义艺术观点，对脱离社会的塞尚、高更和凡·高做新的评价。晚期野兽派狂暴的色彩，立体派的激进意向，未来派勃发而出的宣言，奥菲士主义（色彩立体派）的问世，对于正在绘画感悟方面处于激烈动荡时期的夏加尔都是极具决定性的事件，他渴望在造型形式中确立其个性。

在紫丁香花园附近的蒙巴那斯，夏加尔受到了立体派的启发。这幅借用桑德拉尔诗名的作品《诗人，三点半》，令人联想起在凌晨三点完成的《诗人马赞》的第二版，但也是由他自己配写的诗。

必要的决裂让他摆脱色彩的桎梏并简洁而肯定地去实践立体派的解构及其效果，创作色块状作品《亚当与夏娃》、《各各他或耶稣受难像》(1912年)。

《各各他或耶稣受难像》是第一幅受犹太－基督教感悟的杰作，代表先验性地传授宗教奥义的自白；色彩显示出他与同期德国表现主义画家及瑞士超现实

献给桑德拉尔、卡努多和瓦尔登的《向阿波利奈尔致敬》成了1914年5月在柏林举办的画展中最精彩的展品。图中的一对男女被处理成深奥难懂的两性畸形体，处于几个色环中，反映了德洛内对他的影响。

《各各他或耶稣受难像》(1912年)，犹太－基督教的耶稣受难像，吸取了俄罗斯－拜占庭圣像画的精髓。殉难者被画成了小孩的形象，这小孩即救世主，被围在太阳的光圈中，体现了耶稣的仁慈和犹太血统。画中央的卡戎坐在渡亡灵过冥河的船上等待着。右边一个人（是犹大吗？）正挟着一把梯子企图逃跑。均匀的色调具有德洛内画风的特征。下图为1911年夏加尔在巴黎。

主义画家克利的亲缘关系。在德洛内与福康尼埃的坚持下，此作首先入选1912年秋季沙龙，后与《献给俄罗斯、驴子和其他人》《献给我的未婚妻》一起于1913年9月入选柏林第一届"德国秋季沙龙"，展出于"狂飙"画廊，柏林"蓝色骑士"画派的资助人兼收藏家科勒将其购下。

与德洛内、马尔库西、格莱兹、拉弗雷内、梅青格尔或洛特的作品一样，夏加尔自己也接触了现代主题：《埃菲尔铁塔》《大转轮》《通过窗子看巴黎》。巴黎对于俄罗斯代表着"震撼心灵的自由之光——爱的色彩"。在丰富多彩的社会政治背景下，两种题材不断涌现：动物（母牛、公牛、山羊……）和头倒置的或身首分离的人物。夏加尔在这一不合逻辑的抒情方式中找到了绘画的创新形式，遂大量加以应用。

但二十五岁的他拒绝参加任何派别的艺术家团体，始终独立不羁、不合群地忠于自己的记忆。这一性格上的特征证实了

他有恢复俄罗斯和犹太天性的要求,广义而言,就是断然地摆脱巴那斯派的巴黎腔而专注于圣像寓意画。在画室的孤寂中,夏加尔回忆起维捷布斯克(《牲畜商》《献给俄罗斯、驴子和其他人》)和犹太人日常的宗教仪式(《祈祷的犹太人》)。移居巴黎的他已

《通过窗子看巴黎》(1913年):向"自由之光"的城市致敬。以两面神形象出现的夏加尔既看着东方,也瞧着西方。

与这种仪式隔绝,巴黎的犹太人已愈来愈被同化而不奉行教事。"我从俄罗斯带来创作主题,而巴黎则赋予它们以光。"当时一位年轻记者,自由浪漫的思想家卢那察尔斯基撰写了一篇赞扬夏加尔的文章并刊登在基辅的一家报纸上,而那位圣彼得堡的赞助人维纳韦尔也几次来到巴黎,对其作品深表满意。

## "我的艺术也许是荒诞的艺术,宛如一泓闪光的水银、一个蓝色的灵魂迸发在画布上"

于是夏加尔创作了仿佛梦境中的城邦,一些幻想的人物出现在熟悉的万神庙中,在枞木屋间大声叫骂,寄宿的小提琴手、遮篷马车、装扮的母牛、点燃的烛台、茅屋顶上或金色圆顶上喝醉的士兵:如此众多的、色彩斑斓和离奇可笑的、熟悉的人物形象,在

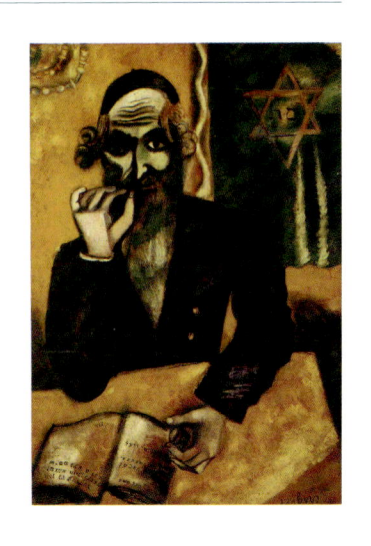

上图《估价》(1912年)中是一位虔诚的犹太人。下图《牲畜商》,纳希叔叔,使人回想起维捷布斯克的童年。

《我与村庄》，是夏加尔最富象征意义的作品之一，表示了他绘画中深刻的二重性。对俄罗斯乡村的回忆是象征性地用一头牲口来表示的，拴住这牲口的绳子在画面上是看不见的，夏加尔在斜贯整幅画面的双对角线上安排了不成比例的、面对面的、换喻式的构图来增强他的感情。人畜间怪异的同谋关系（二者都在颈部挂着一个十字架），用红绿对色来支撑。这对农夫妇，女的是生殖力的象征，仿佛在逃避扛着一把长柄镰刀的丈夫（象征死亡）。这一丰富的内容蕴含着非理性的因素。下部生命之树和日食景象同样也具有不和谐和"超自然"的因素，增强了作品深奥的象征意蕴。

生活与梦境的交织中发出期期艾艾的呓语……茶炊的呼呼声、雪橇的滑动声、孩子们的哭闹声、挤奶时散发出的奶香味，是如此朴实和欢乐，唯有夏加尔能通过为数众多的小幅水粉画来加以表现。或许有人会问，他的作品与杜阿尼埃·卢梭的作品之间那种遥远的亲缘关系是否激发了阿波利奈尔的灵感，使他写出了《罗特索热》那首哀诗呢？

此外，很明显的是，透过烙印着故土文化的想象世界，夏加尔的作品为当时主导巴黎的立体派引入了新的平衡；还有哪位画家和诗人能以如此炫目的方式为立体派绘画的

《七根手指的自画像》，在形式上也许对应于《我与村庄》。画中他坐在窗前，窗外是以埃菲尔铁塔为象征的巴黎。夏加尔想象自己是位有成就的画家，正在构思作画，留着一头鬈发，穿着立体－未来派花花公子的套装，纽孔中插着花朵，系着绣花领结。他坐在画架前，用"七根手指"，按意第绪人的说法正"快速地"完成其当时被视为最优秀的油画：《献给俄罗斯、驴子和其他人》。夏加尔背对着都市之光，重新回忆起了浮现在右上角云雾中的维捷布斯克，恍如梦中一般。在他头上像曙光般地用希伯来文字母写上"巴黎"和"俄罗斯"，以表示他属于三种文化。手中握着的那块挤满各色颜料的调色板象征成功与富足。画家把自己的脸按立体派的方式勾勒成方形。夏加尔日后确实一直游走于各艺术运动之间。

新颖语言做出其贡献呢？德洛内等朋友们惊讶于他精妙的几何构图，更震慑于其色彩的辉度，后者又因画面融合了俄罗斯民间传说轶事，非理性、心理上的怪异而更显强烈了。照布雷东的说法，这是"全部抒情的总进发"。夏加尔的绘画与法国绘画讲究和谐感相反，呈现出节奏、平静与世俗的欢愉。

## "我的画是对我内心形象的铺陈"

夏加尔从立体派那里借鉴的技法，不但能使他将空间分割成若干同时并存的体积，还能使他在同一版面上安排一些异质的形式要素，这些要素被当作心理的层面来处理，那里梦幻和形象以音乐的节奏组合起来，其中每一个层面上都能解读对宇宙观照的回忆，以及描绘出再现于一组隐喻中的世俗真实。

《七根手指的自画像》，显示出画家衣冠楚楚地坐在画架前，背对窗口，窗外埃菲尔铁塔为光柱所照亮，而画家正在画《献给俄罗斯、驴子和其他人》——追念维捷布斯克奇妙的幻象——在他头的右边弥漫起记忆的云雾，浮现出一座东正教堂的清晰回忆。墙上有希伯来文的字母——左边是"巴黎"，右边是"俄罗斯"——这既意味着又采用立体派文字拼贴的现代派审美技法，也意味着（忧郁地？）供认了青年时代的孤独游子的精神文化。过去和现在同时呈现在一个总体的形象中，以自身无意识的色彩做点缀，这形象遂变成了纯诗意的语言。

因此，夏加尔的作品中变形所具有的意义与同时代的画家（如毕加索）不同。为了召唤回忆，那位西班牙人采用了重组的方式，这位俄国人却将真实事物并置和交叠，恰似在一场梦醒后，进行精神分析而重新体验一般。这种展示夏加尔的自我的迷人形式在《孕妇》（《生育》）这幅

《不管在世界以外的任何地方》（1915—1919年），清楚地突出了"超自然"的世界。夏加尔在那里找到了他的灵感。从他最终定居的巴黎回来后，他就在这里孤单地面对着他心爱的维捷布斯克作画。在珍珠般乳白色的霜的反光照映中，暗淡的木屋小村庄以一种朴实的，然而是以反自然主义的方式做了处理，房舍奇怪地竖向安排在画的一侧。那位侨居巴黎，已经遗忘了祖先的、温馨的、属于他的那个世界的画家，在故乡重又痛苦地陷于两种感情之间：对家庭的眷恋之情和大胆闯荡的命运。身首离异的身躯占据着画面，俯视着既不符合逻辑，又处于失重状态中的村庄。有些人像布雷东那样把夏加尔和基里科的绘画做比较：他们感情上不合逻辑的共同疑问是否出于同样的根源？他们俩都沉溺于诗意的、梦一般的谵妄之中难道不是这方面的一个证明吗？此外，在这里夏加尔借用波德莱尔的诗句作为其油画的标题，用立体派审慎的几何图形来描述一种无与伦比的内心感情，却依旧保留着神秘感。

画中重演了。爱的幻想、想象中的事物和乡愁，在那儿含蓄地揭示了画家的赎罪形象，而画家本人也出现在画面右下方。

在那些从幼年起一直遵循上帝规定的准则的家庭中，保持一个具有内省精神的男人气度乃是始终不渝的一种操心与忧虑。这幅《生育》（1913年），象征着爱情和生殖力，呈现出犹太人村庄上空云雾缭绕中的世俗圣像。婴儿即将诞生，左边的男孩和右边的画家形成了自传叙述中的诅咒性的情节。

《思念毕加索》（1914年），左图也许是夏加尔唯一的漫画插图，他从未把这幅作品当一回事。在《手持调色板的自画像》（下图）中画家分身有术：一下像魔术师站在魔术桌前，一下又像教授站在讲台上，也像拙劣的画家站在画布前。如同时代画家，夏加尔也开狡猾的玩笑。他俨如一位魔术师，但不无幽默感地，以一种令人悲叹的儿童的混乱思维，故意将法国绘画中人们所期盼的构图平衡乱涂乱画得不像样子。

## 墨水和画笔

正是旅居巴黎期间，夏加尔才全力关注绘画技法。他在一张张小幅画纸上用铅笔或墨水快速地画着各种设想的构图，毫不迟疑，也从不修改。有些大幅线描淡彩画与油画同时进行，遂形成了他日常作画的记录。由于贫穷，他先在卡纸上画极简略的水粉画构图，为大幅油画准备初稿。他喜欢朝四边画开去，就像"鞋匠绷鞋面一样"，这就加强了中心部分的重要性，减弱了上下部分的意义，《圣赶车人》（1912年）为瓦尔登在柏林购下，征得画家的同意，以上下颠倒的方式悬挂。

夏加尔也写一些手记，经常用俄语，很少用意第绪语，间或用法语。因此他写满了好几本诗歌笔记，辞藻华丽，极具俄罗斯风格，特点是使

用故国象征性的和民间的俚语。

滞留巴黎期间,他的个性起了变化。维纳韦尔按月寄给他助学金,使他生活不虞匮乏。此外同时代画家真心实意推崇他,以至他产生了勃勃雄心……甚至卖弄起才情来了。如果说从他成长的那几年起,他跟所有的同学一样专心致志于学习,那现在则面对着一面镜子,频频地作自画像,从1910年起数量日益增多。这种自我陶醉令同时代画家颇感出格。但一来考虑到他背井离乡,侨居语言不通的外国,能体谅他追求身份认同的缘由,二来他也想确认自己的才华。

夏加尔在这几年里结识的朋友们,诗人雅各布、评论家萨尔蒙即《欢乐山》杂志的创办人卡努多,他们坚持不懈地支持他,说明夏加尔得到了大家的认可。虽然收藏家雅克·杜赛曾受到过他人的忠告,对他的作品不感兴趣,但画商夏尔·马贝尔却于1914年4月30日第一个与他签订了合同。当夏加尔回到俄罗斯时,已是一位真正有权威性的、载誉而归的著名画家了,以至于他敢于在他的政治对手面前直抒己见。

## 柏林之旅

1914年春,夏加尔前往柏林。在"狂飙"画廊里举办首次个人画展前,他与保罗·克利和阿尔弗雷德·库宾举办了三人画展。"狂飙"的创始人瓦尔登于1910年,随后于1912年相继成了表现主义和未来主义画派的代言人,是柏林艺评界的领袖人物之一。除了"桥"和"蓝色骑士"的成员外,他也因推荐最创新的外国艺术家如博乔尼、康定斯基、德洛内、乔伦斯基等而出名。夏加尔从巴黎带来的近一百五十幅纸面作品和四十幅布面油画都在色调上着力强调了色彩造型,这对受表现主义者弗朗茨·马克影响较深的当地观众来说,自然不会被忽视。画展获得成功:"我的作品在邮政街引

"狂飙"画廊的创始人瓦尔登(下图)谈到夏加尔时说:"这位年轻人,眼神奇特而明亮,一头鬈发,深受巴黎朋友们赞赏,视之为天才。总之,他就是这样的人……"

起了观众的兴趣,然而近在咫尺,士兵们却在向炮筒里填炮弹。"阿波利奈尔的一首诗《罗特索热》充作画展的序言。在逗留期间,他结识了一些评论家,参观了博物馆以及由卡西雷尔画廊组织的凡·高回顾展。

6月15日,画展开幕后次日,夏加尔将三年来完成的作品悉数留在柏林和巴黎,在战争的喧嚣声中茫然不知所措地办了为期三个月的签证,动身去维捷布斯克会见自己的亲人,并与他那戴黑手套的未婚妻贝拉重新会面,她

> 她进来了。她的嗓音在回荡着,她正在和泰阿交谈。于是我觉得,……我觉得什么呢?这位陌生少女的来访和她那歌声般的嗓音,好似来自另一个世界,令我困窘不已。我们一阵沉默,相对无言。她是谁?我害怕起来,不,我想与她攀谈,接近她。突然,我感到我不应与泰阿而应和她待在一起!我们俩相视无语。她好像早就认识我似的,了解我的童年、我的现在和将来;她仿佛一直在观察我,知道我内心的想法,尽管我还是第一次见到她。我感到她就是我的妻子。她肤色苍白,她的那双眼睛又大又圆,又黑又亮!这也是我的眼睛和灵魂。
>
> ——《我的一生》

已足足等了他四年。他在俄罗斯大约一直待到1922年……

## 返回维捷布斯克，与贝拉重逢

"我感到正是她才是我的妻子。"贝拉出身于高贵的、从事大宗贸易的资产阶级家庭，在莫斯科受过良好的教育。她是位绝代佳丽，自1909年第一次见面后，她就被出身低微的年轻画家理想化了；而她则被这位奇特而机灵的青年所征服了。贝拉有教养、目光敏锐，她的个性以及她对欧洲古典主义绘画、戏剧和诗歌的熟知（日后她为夏加尔发现了诗人波德莱尔），在整整三十多年的岁月里成为他俩完美无瑕的激情之所在。

他们俩的相遇在两本引人入胜、相辅相成的集子中有详细的记述，一本是夏加尔撰写的自传《我的一生》，另一本是贝拉撰写的《点燃之光——初遇》，后者是于1939年献给夏加尔的。这两本集子用饶有趣味和抒情柔美的言语，使人联想起他们俩的眷眷恋情，这种恋情成了维系这两个同样充满了激情，但出身迥然不同的人共同生活的纽带，直到

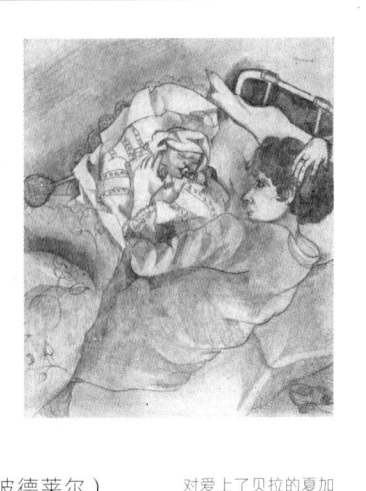

对爱上了贝拉的夏加尔来说，《戴黑手套的未婚妻》越显得像一位遥远而不可企及的模特，则在《贝拉和伊达》（上图）的素描画中贝拉就越显出一个母亲的关爱和柔情。这对情侣从不分离，女儿点亮了他们的生活。夏加尔很少为贝拉作肖像画。尽管无数对的情侣曾贯穿于他油画作品，但仅在这幅肖像画中他迫不及待地刻画了贝拉理想化了的形象。除了他家的近亲外，他没有兴趣作肖像画。他那独立不羁的个性，他那对隐喻和对自由幻想的崇拜，乃是与形象酷似的画法水火不相容的。唯一的例外是，直到晚年才培养起来的和唤醒他对个性的永恒的探求才使他对肖像画发生兴趣。

1944年9月那个悲惨的日子为止。那年贝拉随同夏加尔流亡到美国,但不幸染疾,加上护理不周,在接连不断的复发中去世。早年,在1915年7月25日,他们举行了宗教仪式的婚礼后,贝拉于次年生了个女儿,取名伊达。女儿成了夏加尔个人圣殿中的中心人物。她为使父亲的作品得到世界各国的承认,发挥了决定性的作用,显示出一种必胜的奋战精神和细腻的鉴赏力。母女俩,也善于齐心协力地疼爱、保护和捍卫她们的爱人和父亲。

第一次世界大战的这几年,夏加尔断断续续地在维捷布斯克和圣彼得堡(1915年改名为彼得格勒)度过。他同时经历了四次革命:造型艺术、戏剧、政治与社会、犹太现代派的艺术革命。他是这四次革命中感受最深刻、最全面的见证人和参与者,直到最终被迫流亡异域。

这位年轻的一家之主,当时是如何决定其去向的呢?是当俄国人?法国人?犹太人?欧洲人?无神论者?艺术家?政治家?内心的诸多选择他都得倾听和回答,以便找到出路,直到1922年放弃国籍为止。值得指出的是,第一次世界大战结束回到巴黎后,他陆续为俄国果戈理的《死魂灵》,法国拉封丹的《寓言诗》,以及《圣经》作插图。

《在理发店》(1912年,左图)。宣战后,夏加尔被困在维捷布斯克,他用有限的然而是很强烈的色彩,用幻想的语言和以家庭生活单纯的激情画了几幅他特有的喜剧画。如果说,他在巴黎,尤其在德洛内家见到过杜阿尼埃-卢梭的作品的话,那他也从私人传授的民间艺术和木版画中汲取了灵感。这种传统的擦笔画可看作与法国的"埃比那尔"类似的圣像画,长期以来一直是斯拉夫民间艺术的特色:多种色彩的对比,采用长条的、周边有支撑的装饰,表现主义过分夸张的形式与构图,同样具有反映俄罗斯心灵特征的诸因素。上图为夏加尔在莫斯科。

这一多元化的兴趣以及他不放弃任何一种艺术形式，也许是夏加尔至今在人类的心目中被置于超越民族和种种美学潮流之上的原因。

## 战时的俄国

1914年8月，德意志和奥匈帝国向俄国宣战。夏加尔被困在故乡。幸亏内弟雅科夫，一位出色的经济学家的帮助，他才得以豁免兵役并在彼得格勒战时经济部的杂志社任职。在那里他记满了九本笔记中的第一本，后于1923年成了《我的一生》的手稿。

夏加尔的工作表现得到了认可，还被引荐进了文学界：马雅可夫斯基、叶赛宁、布洛克和年轻的帕斯捷尔纳克，都鼓励他通过杂志社发表文章来确立其地位。

战争与饥馑唤起了画家痛苦的感受：《出征》（上图）、《士兵的诀别》（下页中）。后来他熟练地创作钢笔画，尤其在为《我的一生》作插图时。

回到维捷布斯克这座远离前线的小城后，夏加尔重与家人团聚，创作出反映家庭生活的作品：《面包作坊》《厨房》《草莓》《铃兰花》《窗景》以及亲友们的肖像。在这些烙着激情和柔情的"文献"（按夏加尔的话说）中，法国的现代主义被遗忘了。他又重新采用了自然主义的手法，画中对象一扫谦恭的神情，而抓住了神秘的深奥和无限的柔情。但是伤员的涌入、饥馑、寒冷、骨肉分离，使维捷布斯克陷于惶恐之中。《士兵的诀别》《伤兵》《救护站》《粮食》等形成了反映人类苦难的编年史。一系列用中国水墨绘成的小插图，呐喊般地揭示了战争的恐怖和人类的绝望。

## "没有谁比夏加尔这位痴迷上帝的人更具卓越的、创造性的想象力了"
（埃夫洛斯语）

战争初期，犹太人都被怀疑为间谍，于是俄国参谋部下令：凡靠近前线的居民须于二十四小时内撤离。1915年5月，有二十多万犹太人被赶出立陶宛。维捷布斯克接收了成千上万的难民。在如此险恶的局势下，原本不那么虔诚的夏加尔又找回了他哈西德教派的根。1914—1917年间，

《公墓的大门》(1917年)是夏加尔回到犹太人居住区后所感受到的心灵感召并精心绘制的作品之一。

《犹太教堂》，1917年夏加尔就像在《我的一生》中描述的那样，在此营造了只有人可以进出的教堂中亲密无间的气氛：当一个人在圣坛上默诵摩西五书时，其他的人则在学经、交谈或在炉子旁打盹儿。

一组给人深刻印象、宁静肃穆的作品，表达了他对那些巡游布道的犹太老人们的尊敬和同情。他的家人在战时饥馑的岁月自愿地收容了这些老人。《手持柠檬的拉宾》《祈祷的犹太人》《估价》《穿红衣的犹太人》《公墓的大门》《胡巴》《犹太教堂》显示他对法律和犹太教法典的仰慕，其中《普林节》《住棚节》《结茅节》《童车》本来是一幅壁画的草图，原定于1917年作为装饰绘制在彼得格勒一座大犹太教堂内，但2月的最初几次骚乱妨碍了壁画的竣工。他采用一种类似希伯来文字母的锐利笔调，用水墨画创作小幅构图，作为配三本意绪语文本的插图，一

夏加尔邀请精通圣事用语的流浪老人到他家来当模特儿。上图为《穿红衣的犹太人》(1915年)。"发自我内心的一丝阴影投落在他身上。"(《我的一生》)

本是佩莱茨的小说（《魔术师》），两本是尼斯特的叙事诗（《与公鸡为伴》和《与小山羊为伍》）。同时，他还着手画一系列其出生城市的风景画。这些先在户外写生，后移至画室内完成的油画获得了极大的成功：《红色的栅栏大门》、《灰色的木屋》和《蓝色的木屋》都做了梦幻般的艺术处理，突出强调了立体派的手法，醒目地刻画了一些色彩亮丽的俄国式乡村木屋。

《红色的栅栏大门》（左上图）和《蓝色的木屋》（左下图）是以建筑物为标志的一套组画，1917年夏，作于维捷布斯克，获得极大成功。《蓝色的木屋》用强烈和精致的色彩加以处理。乡村的木屋涂成紫蓝色，乌斯宾修道院的红色屋顶，耶稣复活教堂白色的墙垣，德维那河昏暗的河水反映出城市的倒影。右页左图这幅下部为花丛的油画《着白翻领的贝拉》，右页右图的《生日》以及第36—37页的《飞翔在城市上空》，又让人看到夏加尔精细的笔法。

今天是你的生日！你就站在原地别动……我手中还握着一束鲜花……你向在你手下微微颤抖的画布上扑去。你用画笔蘸颜料，红色、蓝色、白色，飞溅着黑色。你把我拖进了色彩之流中。突然你把我按倒在地，又一蹬脚跃起，就好像在这小房间里感到太狭窄似的……

——贝拉·夏加尔
《点燃之光》

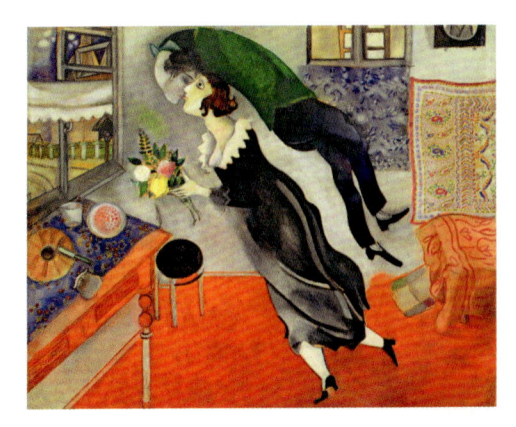

1916—1917年，夏加尔几次举办画展，那时他还不满三十岁。人们把他作为他那一代的主流画家之一来看待，无论在彼得格勒或在莫斯科，还是在多布契那沙龙，在"方块J"俱乐部，他都受到人们的尊敬。一些期望着建立犹太美术馆的大收藏家们，莫罗佐夫、维索茨基、卡甘-恰布柴，都收购了他的作品。

很幸运，战争的这一阶段恰值他对贝拉激情迸发之时。在阴霾灰暗的岁月里，正是贝拉使夏加尔创作出了一些柔情和欢乐的杰作——继四张小幅的《恋人》系列画，（以《献给我的妻子》这一总标题合并成组画）后又创作了大尺寸的油画，内容奇特，色彩明亮——《着白翻领的贝拉》《飞翔在城市上空》《高举酒杯的伉俪肖像》《生日》，都把他的感情永传于世。

> 你腾空而起，伸展着四肢，向天花板冉冉飘浮起来，你转过头，也把我的头转过来，……咱们俩就联袂在点缀好的房间里飞升，我们终于飞起来了。在窗前我们真想穿越而过。窗外的白云和蓝天在召唤着我们。
>
> ——贝拉·夏加尔
> 《点燃之光》

夏加尔：醉心梦幻意象的画家

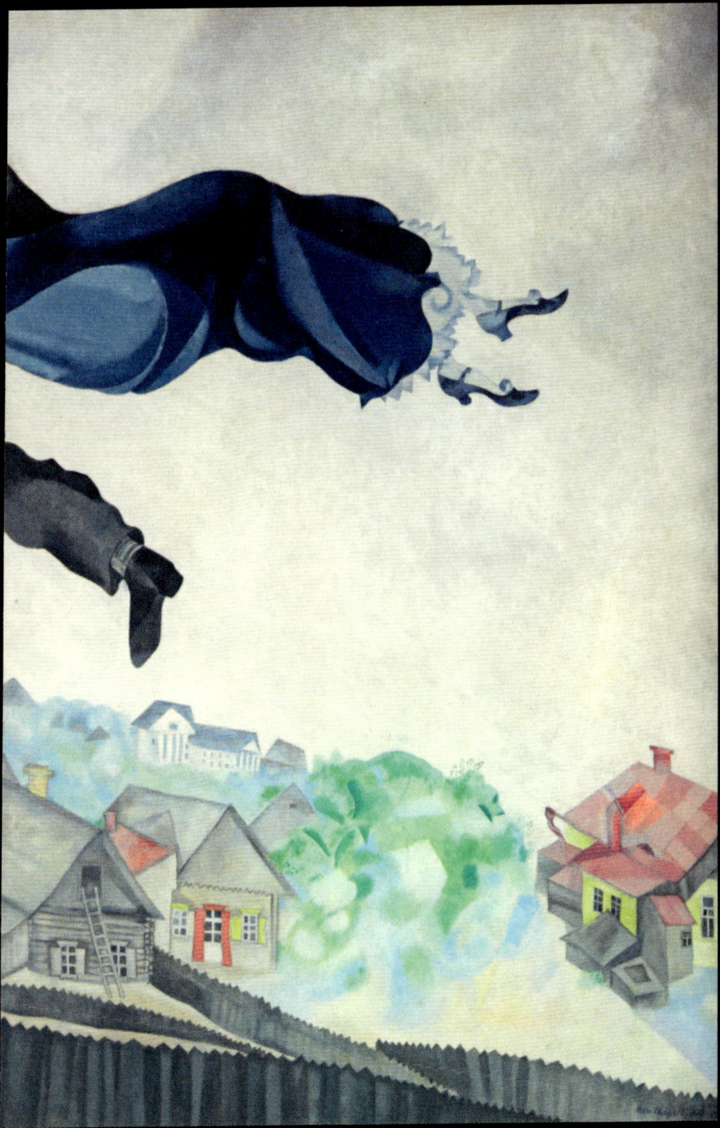

## 美术委员

尽管局势混乱，1917年爆发的"十月革命"对犹太人和全体俄罗斯人民都是一次大解放。在新的一波反犹浪潮来到之前，他们终于获得了平等的公民权利。

第一本有关夏加尔的专著的出版（作者为阿布拉姆·埃夫洛斯和雅科夫·图根霍德），加上彼得格勒美术宫中举办的"首届官方革命美术画展"上整整一个展厅获准展出他的作品，使他甚感欣慰。夏加尔意外获得了政治上的成就："在米哈伊洛夫斯基剧院（1918年8月），演员们、画家们欢聚一堂，都希望建立一个艺术部。我本是以观众的身份参加的，突然听见一群年轻艺术家提名我当部长。"梅耶霍尔德代表戏剧界，马雅可夫斯基领导文学界，夏加尔负责美术界。听从了贝拉的劝告，夏加尔婉拒了聘任。他宁肯重返布尔什维克新都莫斯科去找卢那察尔斯基。后者

1918年阿布拉姆·埃夫洛斯和雅科夫·图根霍德出版了夏加尔的专著（下图为专著的封面）。

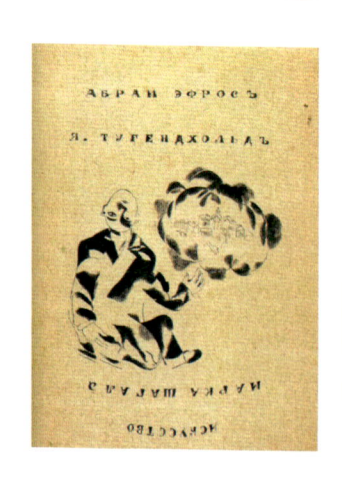

第一章 离开维捷布斯克 039

1919年是可怕的一年。军事共产主义时代正处于存亡危急之秋。但俄罗斯的文化部却以其规划和创新精神焕发出繁花似锦的景象，并真正给人以一种热泉喷涌的感受。
——阿布拉姆·埃夫洛斯

《显灵》（左图，1918年）标志着重新提出造型语言的问题。夏加尔初步学会了拉里昂诺夫和冈察洛娃已经经历过的立方未来主义的重构问题。在此构图中天使与夏加尔以现代圣像画的形式邂逅并呈现出某种傲慢的庄重。夏加尔体验了祝圣仪式的滋味，他参加了几次展览，而且在冬宫中保留了整整一个展厅来展出他的作品。下图为画展目录。

没有忘记他们在巴黎的相逢而且几度给了他可贵的支持。卢那察尔斯基是列宁的亲信，被选为教育与文化人民委员，并于1918年主管克里姆林宫教育人民委员部（即文化与艺术部）。1918年9月12日，夏加尔被任命为美术委员，"维捷布斯克省文艺事务的负责人"，他受命在维捷布斯克市和省内组建美术学校、博物馆，召开各种学术会议和组织一切艺术活动。在最炽烈的热情和激奋中所获得的体验只持续了很短暂的一段时间，最终幻灭为失望和辛酸。

## "维捷布斯克骚动起来了。革命的艺术在省的这一方赢得了胜利"

规划的美术学校和博物馆于1919年1月28日在革命政权征用的前银行家维什尼亚克的故居揭幕了。夏加尔首先在那里为当地的艺术家们举办了一次画展。

"十月革命"一周年,同年11月6日,夏加尔不遗余力地张罗着,显示出了这一特殊组织的意义。满城都张灯结彩,全体艺术家都动员起来了,其中有埃克斯特、斯特伦贝克、阿尔特曼。七座凯旋门被搭建在主要的街道上,为广场拉起了三百五十条长幅标语,玻璃橱窗用花彩装点,无轨电车插上彩旗,真所谓"让艺术走上街头"。夏加尔亲自作水粉画稿,并放大成大幅宣传画:"前进,向皇宫宣战!"……他还发表了一篇文章,其中回响着"艺术革命"的口号。

"革命以其充满活力与激情的非凡景象,使我感到目眩神迷。这激情整个儿地穿透人的心灵,超越你的想象,在你的内心世界激荡涌动。而这恰好与你内心的艺术世界合拍,所以你也仿佛在进行一场革命。这两种革命的冲击不总是很幸运的。"夏加尔在1945年回忆道。在"十月革命"一周年之际,他为会旗设计了几幅稿样,就像这幅《吹号子的骑士》。右页的这幅《风景》是他唯一的严格意义上的立体派作品。

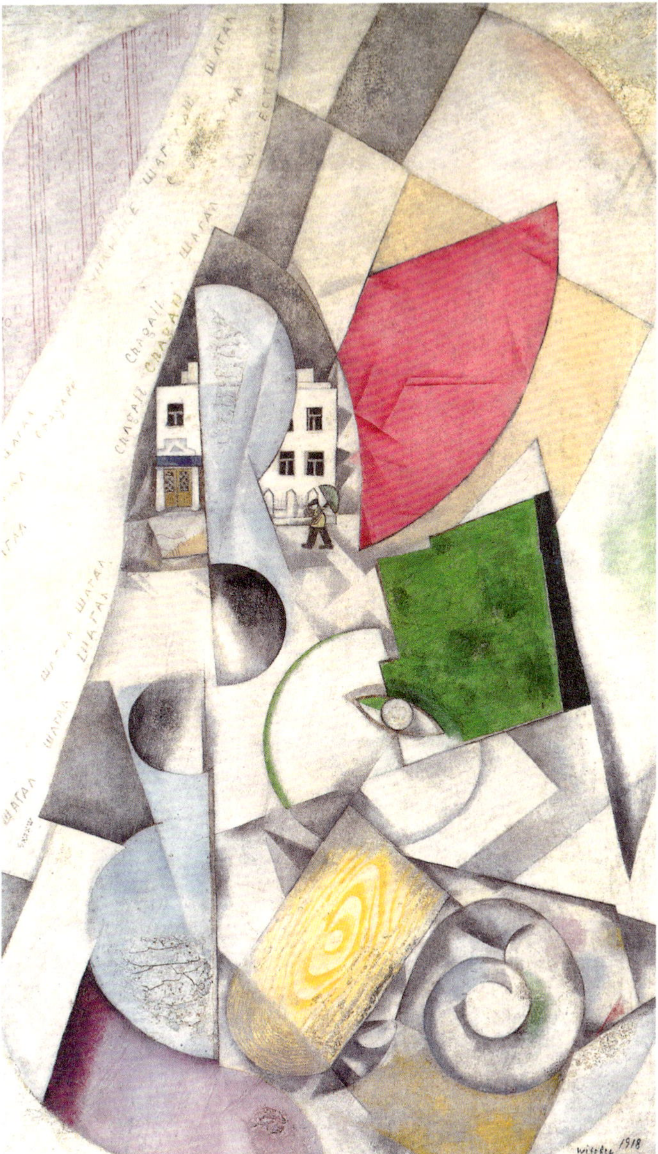
ШАГАЛ
1918

# 从自由学校走向极端主义学校

"自由学校"很快招收了六百名学生,在画室中讨论会和争论日益增多。夏加尔以其热忱和想象力,献身于无产阶级革命事业,在各方面都堪称典范。这所学校似乎是维捷布斯克唯一的艺术创作场所。耶乌达·本以及首都的画家们,多布京斯基、普尼(让·普尼)、罗姆也都在那儿任教。利西茨基领导版画室,夏加尔和彼得格勒派来的埃尔莫拉耶娃共同主持油画室。后者和利西茨基唆使他们的长者马莱维茨以教授身份大施淫威,公开敌视夏加尔。当时,这位极端主义的领袖刚展出了一组《白色背景上的白色方块》,正在大肆宣扬一种激进的结构主义和革命的教条主义。夏加尔因遭到外行人士和布尔什维克党内另一些党员的攻击,地位已显得十分脆弱,领导权的争夺遂显得颇为无情。

数月后,夏加尔从莫斯科为学校"领取面包、颜料和经费"回来后,就被迫辞职,并干脆被他的"朋友们"驱逐了。事实上,在他出差期间,他们早已把学校改变成极端主义学校了。

在完成了这幅立体感强而逼真的自画像,一幅真正的拼贴画后,夏加尔结识了格拉诺夫斯基、梅耶霍尔德(下图),他们都是莫斯科复兴犹太戏剧的精英人物。

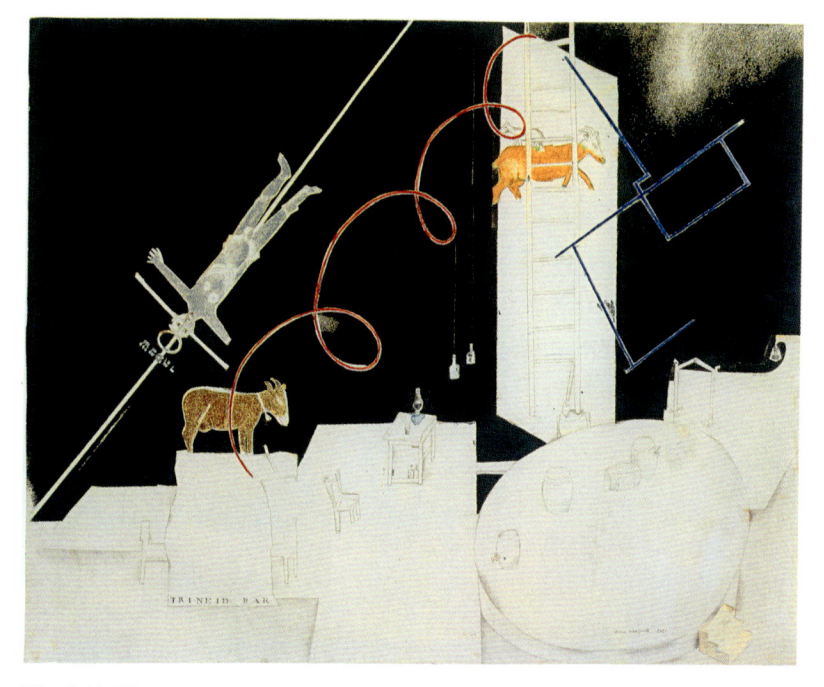

## 最后阶段：莫斯科

1920年5月，夏加尔最终决定举家离开维捷布斯克去首都莫斯科，那里正酝酿着成立俄罗斯的前卫剧院。贝拉热衷于舞台艺术，自然赞同这一决定。

1920年在内战正炽的喧嚣及严重的饥荒之际，夏加尔却沉醉于有害的声誉之中。他拒绝接受革命文艺的专政理论，所以人们都以怀疑的目光看待他。可是他的声誉被公认是国际性的。于是夏加尔为革命的讽刺剧院演出果戈理的《钦差大臣》准备布景，亦为斯坦尼斯拉夫斯基剧院上

斯坦尼斯拉夫斯基剧院为西涅所著的《西方世界的江湖艺人》一剧向夏加尔订购了一套布景（上图）。但这套布景的设计因与当时流行的自然主义相抵牾而被否弃了。

演西涅所著《西方世界的江湖艺人》绘制布景。尽管他反对极端主义，但这无妨于他再次认真地去探讨形象问题，去研究一种接近舞台空间的新的方式，这一切都构成了他在这一短暂时期内的明显特征。它产生了例如体现在塔特林作品中的一种"革命风格"。夏加尔按照一种正交的单线勾勒的装饰风格和一种重叠的平面构图革新并体现了抽象几何形的诸要素。但这些都是布尔什维克警惕的，注视着要加以批判的。经过头几次尝试后，国立莫斯科犹太剧院的年轻院长格拉诺夫斯基于1920年11月听从埃夫洛斯的劝告，建议他设计完全另一种意向的布景。为了纪念著名的意绪作家兼戏剧家肖洛姆·阿莱赫姆（1917年逝世），1921年1月1日安排了新年夜场首次演出，共演出三部微型剧：《钱》《马泽尔托夫》《这是谎言》，后以《微型戏剧集》这一总标题合并成集。在两个月的时间内，夏加尔闭门谢客，夜以继日地工作，绘制了装饰整整一个大空间的布景，以供被政府扣押的一家贵族私邸装饰之用：一间大厅被改造成了能容纳八十位观众的剧场。舞台的幕布、四壁和天顶整个儿都用油画布覆盖。这地方被他的朋友们和反对者们戏称为"夏加尔的包厢"，由九幅纪念性的油画组成，其中七幅保存至今：中央主画《犹太戏剧的序幕》（3米×8米），带状装饰画《婚礼筵席》（长8米），四幅护壁画为《文学》《戏剧》《音乐》《舞蹈》，最后是《舞台之爱》。夏加尔用意第绪语画出了戏剧中真正可视的"宣言"："这是撼动古老的犹太戏剧及其自然心理论和假胡须的机会。在这里我能够自由地表现我认为对民族戏剧的再生不可或缺的东西。"

"犹太人的舞台必须更犹太化、更现代化、更不同寻常和更难让所有的艺术家接受"，埃夫洛斯这样宣称道。为了完成莫斯科犹太新剧院为阿莱赫姆的微型剧订购的九幅布景画，夏加尔整整画了两个月。上图为画家正在研究《犹太戏剧的序幕》，反映出夏加尔的专注与热情。"我们的小舞台对于他马上显得过于窄小了……整个大厅都是夏加尔的"，埃夫洛斯回忆道。

在革命的背景下，夏加尔的这套组画和言论产生了爆炸性的影响，它们强调了民族文化，贬低俄罗斯中央霸权。对遭驱逐的夏加尔来说，这是一篇意识形态上毫不含糊的辩护词，复兴所有文化的一个号召。但是这篇极具辩证法的申辩没能被听取，这些布景画也就一直没有得到酬劳。当罗琴科、康定斯基和马莱维茨日甚一日地猛烈攻击他的绘画时，列宁也严厉批评他为"精神错乱的左派分子"。1921—1922年的冬季，教育人民委员会把夏加尔贬到莫斯科近郊的马拉科夫卡和第三国际政治教养院给战争孤儿们上绘画课。处境是难以忍受的。

夏加尔因犹太剧院的装饰画引起的反响而痛苦。艺术界内部的钩心斗角也许是他鼓起勇气与之斗争的原因。降为素描老师这一"卑微"的职位使他感到羞辱（下图），于是他决定流亡。

## "我离开俄罗斯不是因为政治，而是为了艺术"

不被理解、遭人妒忌和排斥，如火如荼的政治气氛，加上饥馑，使痛苦焦虑的夏加尔预感到灾难的临近，于是他宁可选择流亡。次年夏天机会来了：一位名叫茹尔季斯·巴尔特罗萨伊蒂斯的诗人，立陶宛的大使，为他在考纳斯组织了一次画展。他得到卢那察尔斯基批准的签证后马上出发，并获准带走二十几幅油画。在画展开幕后的几天，他从里加登船去了柏林。不久他的妻子和女儿在柏林与他会合。那时他三十五岁，另一种生活在等待着他。

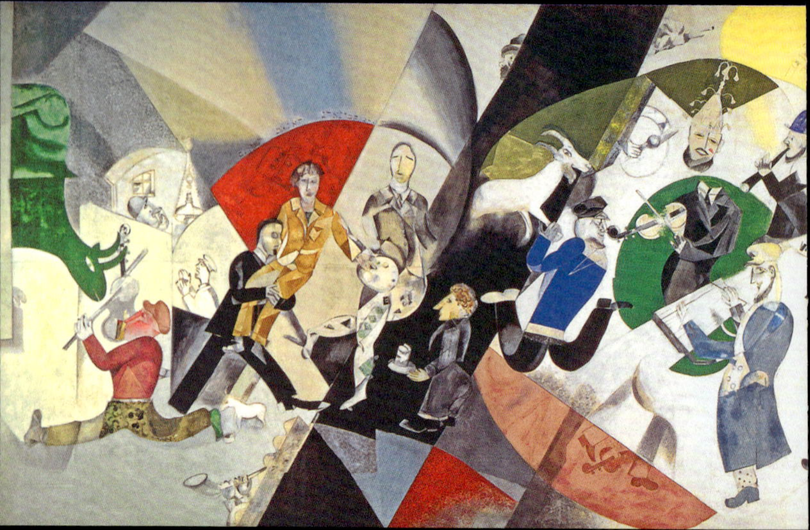

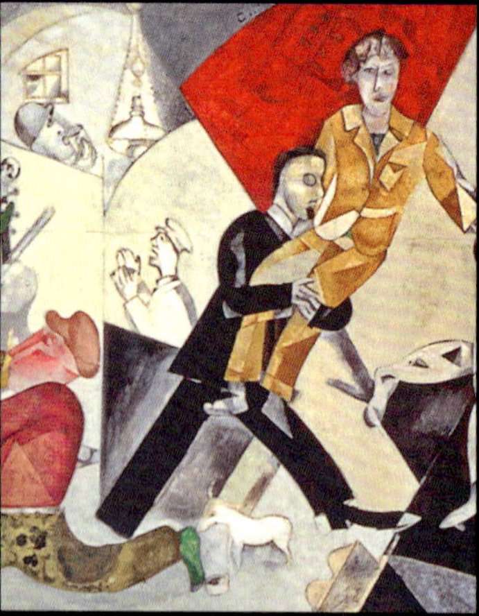

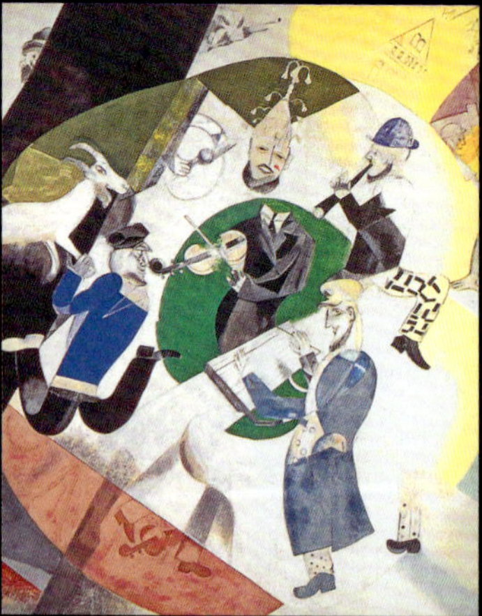

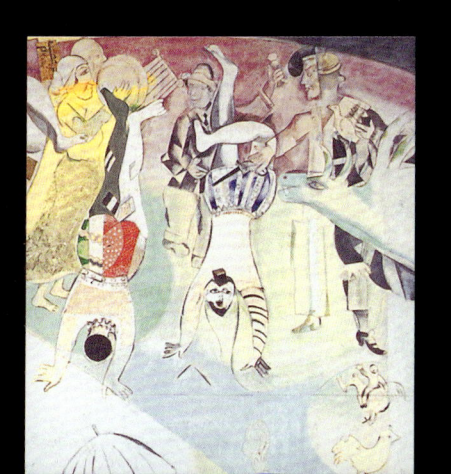

《犹太戏剧的序幕》(上图)是犹太艺术的一幅巨大的喜剧场面。夏加尔毫不犹豫地摆出摩西的姿态(被埃夫洛斯双臂拥抱着),边上为审判台。画面上是模仿狂欢节的滑稽场面,采用了"极端主义"的一种几何构图,兼具犹太圣像画的特征。左下方(细部)埃夫洛斯抱着夏加尔,中间的一幅细部装饰画为一个被砍了脑袋的小提琴手,戴着小丑的尖顶帽,以及一个单簧管吹奏者;右下方细部装饰画为两个小丑倒立在一条手臂上行走,其中一个是犹太教教徒,臂上戴着经文带,他们把犹太人古老的世界整个儿颠倒了过来。在斯大林反犹浪潮甚嚣尘上之际,这些装饰画于1923年被转移,并于1937年藏匿于剧院的舞台底下,后于1950年转移至莫斯科特列嘉科夫美术馆收藏。1973年因夏加尔要在画上签名而拆封展开过。1991年在瑞士贾纳达基金会(为其修复而提供资金)首次公开展览。这些画现今陈列于特列嘉科夫美

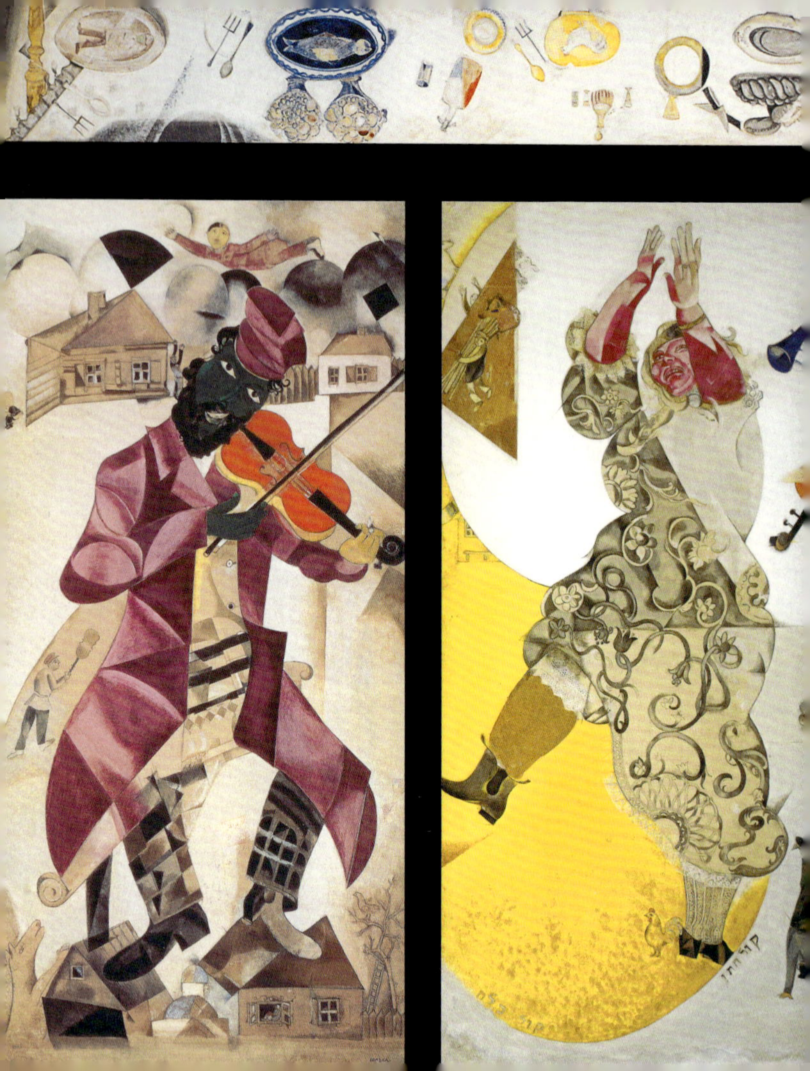

第一章 离开维捷布斯克 049

上图为《婚礼筵席》。下图由左至右分别为犹太村落的"四艺图"。夏加尔认为它们是:《音乐》——一位乐师,走在新婚夫妇前的小提琴手;《舞蹈》——介绍人,职业媒婆;《戏剧》——杂耍演员,陪伴着婚礼行列的小丑;最后是《文学》——录事,"摩西五书"羊皮书卷的抄写人

050　夏加尔：醉心梦幻意象的画家

流亡之路把夏加尔引向柏林，然后再引向巴黎。初期的成就让画家及其家人过着悠闲的生活，并游遍了法国各地。夏加尔惊叹所见所闻，画出农村风貌，重新激起热情，为拉封丹的《寓言诗》制作版画。人民阵线批准他加入法国国籍。但是纳粹的威胁已日渐逼近。1941年，夏加尔一家远离法国，登船前往美国。

## 第二章
# 重返巴黎

两次世界大战之间的间隔期，对夏加尔、贝拉、伊达是一段平静的时期。画家更新了他的题材和技法，转而发掘耀眼的红色马戏世界。在《杂技演员》（1930年）中，夏加尔用一种色差更微妙和更"圆润"的笔触画出了一位女杂技演员及其情人站在夏加尔旅游奥弗涅时发现的一座教堂前。

# 柏林——侨民的中继站

1922年7月离开莫斯科后,夏加尔一家迁居柏林直到1923年8月。20世纪20年代初,柏林是俄罗斯和中欧移民与流亡者的一个奇特的中继站。聚集了很多落魄贵族和各路冒险家、娼妓和嫖客,是表现主义画家格罗茨、迪克斯和贝克曼笔下辛辣讽刺的对象。

夏加尔幽默地说道:"在巴伐利亚广场的公寓里有那么多的俄国茶炊和来自莫斯科的神智学的伯爵夫人或托尔斯泰主义者。……而我呢,我可从来没有见到过这么多的、神奇的犹太教教士,也没有见到过这么多的结构主义画家。"这段逗留期考验了画家,他目睹了一系列斯巴达克式骚乱并经历了德国马克疯狂贬值的过程。他想重新找到瓦尔登,索取1914年春"狂飙"画廊用其作品举办的几次画展后欠他的尾款,但经过几次激烈的争吵,一无所获,因这些钱八年来一直存在代理人那里,现已贬得一文不值。"七十五亿马克只能兑换一美元,而一幅丢勒的真迹也只能换两瓶威士忌。"克劳斯曼回忆道。夏加尔破产了。

留存画廊的画中,夏加尔经过长时间的诉讼只要回了三幅,向画商的第一任夫人内尔讨回了十幅水粉画。

1914年夏加尔在柏林(上图)只住了几天。1922年,他与瓦尔登夫妇的争讼一直拖而未决,所以夏加尔一家在柏林待了一年多。施普雷河畔的夏洛滕堡区相当于柏林的蒙巴那斯区。当格罗茨和豪斯曼猛烈抨击1920年举办的国际达达主义的博览会的资产阶级时,刚从俄国来的利西茨基加鲍,在瓦尔登或称弗勒希特海姆那里举办了画展。夏加尔的作品在刊物上获得认可:特奥多尔·多布勒(《向导》杂志)、埃夫洛斯和图根霍德(《美术副刊》)……但是在1937年,纳粹画展"堕落艺术"(左图为画展目录)对于前卫画家们——诺尔德、柯柯什卡、格罗茨、迪克斯、康定斯基、埃恩斯特和夏加尔等则是残酷无情的打击。

## 为德文版《我的一生》学版画

1923年春,卡西雷尔及画廊经理沃尔特·费尔辛菲尔德向夏加尔建议用德语出版《我的一生》并配以铜版插图。但用意第绪语写的原稿很难翻译,后经贝拉的誊抄和年轻作家让·波朗的帮助整理才得以于1931年在巴黎出版。卡西雷尔出资负责印制《我的一生》的铜版插图。这样,三十五岁的夏加尔以巨大的热情发现了这一新的技法:"我成熟了,能胜任此项工作了。"于是在柏林,夏加尔生平第一次探索到了凿刀和尖刀干刻法前所未知的丰富表现力。数年后他成了这一画种的无可争议的大师之一。听从版画家施特鲁克的劝告,夏加尔花了几星期的时间完成了二十几幅铜版画,从中他得出结论说:"画的线条和刻的线条本质上是不同的。"顺此画种扩展开去,他在布德柯画室里试作了石版画和木版画。由于沉湎于精心创作七十幅版画,他在柏林的十三个月中很少画油画。

在黑森林和图林根逗留期间,有几幅纸面风景画问世,那时,夏加尔一家人收到以前的"好伙伴"桑德拉尔的来信,他们已有七年未通信了:"回来吧,你现在是名人了。沃拉尔止等着你呢。"1923年9月1日,夏加尔举家重返巴黎。

在柏林,夏加尔受到卡西雷尔(下图)的鼓励,预见到版画的种种可能性。三十幅为《我的一生》创作的铜版画,是搭配他在俄罗斯青年时代的原稿文本的,他对原先描绘维捷布斯克的那些画做了修改。

## "我的艺术需要巴黎,犹如树木需要水一样"

夏加尔先回到他位于"蜂巢"的画室。自1914年离开后,画室已被盗窃一空。自从他被迫离开俄罗斯以及与瓦尔登闹翻后,他感到十分痛苦。虽然他已誉满全欧,但连一幅青年时代的成名作都没有留下。柏林和巴黎两地的盗窃犹如一场浩劫,把他的作品糟蹋殆尽。

于是从1923年到1927年,夏加尔凭记忆或复制品全神贯注作画,重新画出了他先前的作品:《生日》《穿着黑白衣裳的犹太人》《飞翔在维捷布斯克上空》《我与村庄》等。这才部分重建了他视觉上和精神上的家产。在此,无须追问有关这次走回头路的复杂的心理历程,但重绘这些旧作,增强了他构图和形式的回忆,使他再度积蓄起精神力量。这些独具风格的习作标志着他对自己作品永不衰竭的眷恋,而这正是他绘画世界中的关键因素。

## 与沃拉尔重逢:《死魂灵》

五十四岁的出版商沃拉尔向来有收藏珍本的癖好。大战结束后,他在巴黎出版了许多新书,都由当时的名画家作插图。桑德拉尔建议夏加尔为塞居尔伯爵夫人的《杜拉金将军》作插图,但画家拒绝了,他宁肯为果戈理的《死魂灵》画插图,后者是俄罗斯文学的顶峰之作。从1923到1925年,夏加尔与毕加索的承印商路易·福尔一起工作了两年。一百零七幅大作构成了这部描述无赖骗子的长篇小说的全部插图。沃拉尔毫不掩饰他的满意:"夏加尔真是行家里手!他多么真实地表达了这种世态,有点像路易·菲利普王朝的情形一样,揭示了果戈理时代俄罗斯的典型特征。"

沃拉尔(下图和右页的与夏加尔一家合影)是毕加索作品的第一位经纪商,也是位天才的出版家。他曾在评论家兼收藏家居斯塔夫·科基奥家里看到过购自桑德拉尔的夏加尔的一些小幅作品。那时卡西雷尔正把在柏林打印好的版画样稿交给夏加尔。这足以说服这位行家向刚回到巴黎的画家提出合作建议。他们的合作大约一直持续到第二次世界大战爆发。《死魂灵》《沃拉尔马戏团》《圣经》,直到如今依旧应被视为画家和出版商合作完成的最光彩夺目的作品。沃拉尔无疑是20世纪最了不起的版画出版家。

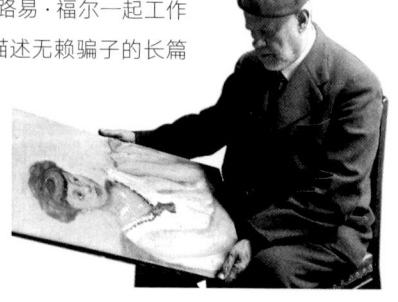

直到1939年沃拉尔去世，《死魂灵》的插图版一直未出版，这一使命由出版商泰里阿德于1948年完成。画面是用干刻法刻制的（下图是《画家》的细部）。印刷品极精美，成了图书的珍藏本。夏加尔以漫画夸张的形式和讥刺的风格令人联想起法国画家杜米埃的作品，鞭辟入里，冷嘲热讽，再现了果戈理笔下腐朽的人世。

画家以粗犷狂放和生动活泼的笔法与果戈理古怪奇谲和诙谐幽默的写作风格结合起来了。他用"现代"的目光展现了他家乡的民风民俗，通过图解式的形象赋予小说人物以古怪而辛辣、渗透着幽默感、回响着俄国乡音的现实：乞乞科夫，一个骗子；萨巴科维奇，一个饕餮者……画家确实与作家融为一体了。夏加尔确立了黑白版画的大师地位，也把这种所谓二流的艺术体裁提升到高贵的地位。贯穿整部小说的灵性并不减弱插图的魅力，现代派隐喻性的表述从插图中散发出另一种形式的诗意。布雷东得知后不禁惊呼道："光凭隐喻性这一点，已表明他成功地跨进了现代绘画的殿堂。"

## 在巴黎的初期成就

1924年初，夏加尔在欧仁·扎克开设在奥尔良街的画室里安顿下来。这预示

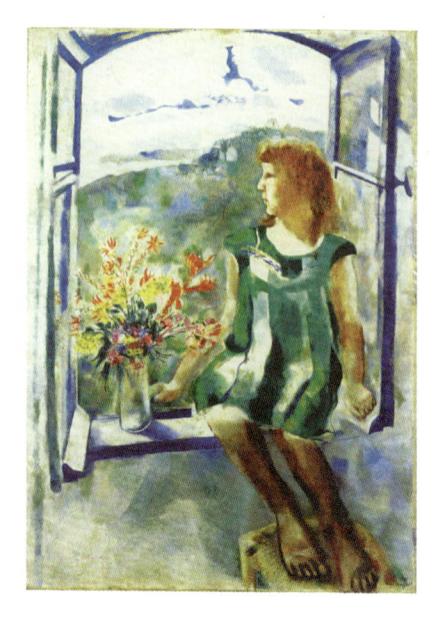

着他成功的开始。室内挂着布哈拉和克什米尔羊毛壁毯,摆着柔软舒适的沙发。上述照片显示,轻松幸福的画家已摆脱了物质忧虑,全心全意献身给家人和艺术。居室装饰华丽,颇具国际风格,在西方人眼中则有东方风味。他当然不及马蒂斯和毕加索那样生活阔绰,但也称得上宽裕,因而颇感自豪。当年流行于巴黎的"俄国风"应归功于夏加尔、佳吉列夫和斯特拉文斯基。

夏加尔有了全新感受——充实满足。从1925年起,油画体现夫妻恩爱,洋溢幸福光芒,色调恰似阳光照耀下的浮尘,闪烁着纯矿物颜料的色泽:群青、金黄、钴蓝和朱红组合成一首首高雅的色彩交响乐。情侣双双,鲜花丛丛,以及牧歌式的景物,都见证了他期盼已久的宁静。

伊达这幅肖像画(上方左图),是所知的唯一于1924年作于布雷哈岛上的作品。夏加尔在那里还完成了几幅风景画。尽管他没有受到马蒂斯和德兰的深刻影响,但某些美术史家却公正地指出他20世纪20年代的一些作品在构图与流畅的笔触上与这两位画家有相似之处。内心的宁静与安适从画面浮现出来,恰如对慈父柔情蜜意的一曲无声的颂歌。上方右图为夏加尔在奥尔良街的寓所里。

《伉俪肖像》（1925年）：贝拉手持红玫瑰，一只手画成黑色，是位有太阳般美貌的缪斯。

## 巴黎画派中的独立行动者

虽然"疯狂年代"的蒙巴那斯与他格格不入,但现在有贝拉相伴,他乐于再次探索巴黎。他与青年时期的朋友又取得联系:德洛内及其妻子索妮娅,萨尔蒙,马尔库西、艺评家费尔斯、科基奥,诗人戈尔及其夫人克莱尔,作家阿尔朗,随后是肖勃、赖莎和哲学家马里坦,以及《艺术笔记》的两位出版商克里斯蒂昂和泽尔伏。艺术界公认他是最有创造力的大师。他在巴黎的画展日益增多:在格拉诺夫、小伯恩海姆、廊柱、巴巴赞吉-奥德贝等画廊,也赴欧美其他国家展出。

上图,夏加尔与德尔泰伊(左)和德洛内(右)同桌而坐。

夏加尔一家虽不说闭门索居,但也并无太多的社交生活。语言上的困难固然是一个原因,但多半是由于画家独立的本性。巴黎,这首先意味着重新获得自由。在怀着巨大热情参加了俄国革命后,他遭遇了残酷而怀有偏见的斗争,因而丢弃了对革命的幻想。从此,他天马行空,独来独往。当年轻的超现

实主义者埃恩斯特、埃吕雅及其俄裔妻子加莉娅友好地请求他与他们合作时——只要回忆起他 1911—1913 年的作品，这请求是合乎逻辑的——他拒绝了。他觉得他们的谋划过于文学化了，不相信他们的理论赖以建立的规律性。"我与一厢情愿的幻想的艺术是格格不入的。"夏加尔宁肯以新的表现形式，从传统风景画的某种固有的恩泽——光——作为起点去进行探索。

按照克雷韦尔的说法，"疯狂年代"的巴黎"从屋顶公牛到冥河（德朗勃街的一家瑞典餐厅），从布瓦西·安格拉斯街到拉斯巴依河汇入蒙巴那斯海洋的海口所形成的沙滩"……在紫丁香花园，他重遇正热衷于汽车的德洛内，并与他驾车一起去蒙彼利埃附近的巴纽尔，向荣获 1925 年度费米娜奖的德尔泰伊表示祝贺。画家在布洛涅自己的新画室（左图）里准备他将在巴巴赞吉–奥德贝画廊举办的首次个人回顾展。在同一地点，德洛内本人也与洛朗森一起举办过双人画展。1928年，萨尔蒙（左页下图）想抢在瓦尔特马尔·乔治之前出版法文版的传记《我的一生》。

1924年，夏加尔在德洛内夫妇居住的蓬特瓦兹附近画下了这幅《亚当岛的风光》。该画以其轻盈欢快的自然主义格调而显得不同寻常。同一时期罗贝尔完成了贝拉焕发着青春魅力的肖像画，画中的贝拉穿着索妮娅所设计的一件有名的"彩虹"式裙袍。同年菲利普·苏波在其《自由的花瓣》一书中写道："夏加尔，身体健壮，宽宽的双肩上有着一颗奇怪的脑袋，面孔有点粗糙，或者说有点不自然。虽说与别人一样有一对眼睛，但这对眼睛却独具个性：总流露出愤懑与痛苦。他的眼神是坚持不懈的、游移不定和困惑的，雾蒙蒙的，却又光芒四射。这是一双猛禽的眼睛，神秘兮兮的眼睛，目光像刺骨的寒风。他说话的样子和他的热情就像搂肩紧抱着你一样，驾驭着你，努力使你理解，又让你感到害怕。你凭一句话、一个手势、一种力量就能辨认出他，并骤然感到要去帮助他，一个如此贴近的、如此值得同情的，几乎可说易动情的人，我重复这个词'易动情的'，所以我想这样描述他：夏加尔是个无动于衷的易动情的人。"

## "爱的主题——法国"（文杜里语）

第一次侨居法国时由于没有钱，夏加尔从未离开过巴黎，从1923年到1938年，夏加尔夫妇频频外出旅行，游遍全法国，参观欧洲最大的几座博物馆。1924—1925年，他拜访了德洛内在亚当岛的寓所，随后到诺曼底，再到布列塔尼的布雷哈岛。这时期的绘画反映了画家对法国乡野风光的赞叹与惊奇，较少看到先前对俄罗斯的回忆，特别是对维捷布斯克的缅怀。这种宁静的感觉似乎显示了夏加尔内心世界的喧嚣纷扰趋于停顿。这段时期的作品局限于

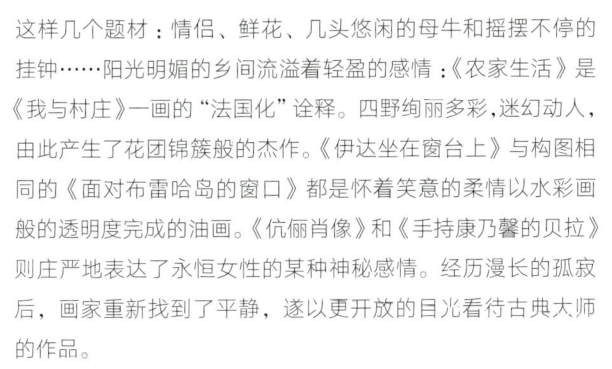

这样几个题材：情侣、鲜花、几头悠闲的母牛和摇摆不停的挂钟……阳光明媚的乡间流溢着轻盈的感情：《农家生活》是《我与村庄》一画的"法国化"诠释。四野绚丽多彩，迷幻动人，由此产生了花团锦簇般的杰作。《伊达坐在窗台上》与构图相同的《面对布雷哈岛的窗口》都是怀着笑意的柔情以水彩画般的透明度完成的油画。《伉俪肖像》和《手持康乃馨的贝拉》则庄严地表达了永恒女性的某种神秘感情。经历漫长的孤寂后，画家重新找到了平静，遂以更开放的目光看待古典大师的作品。

《农家生活》(1925年)是新版的《我与村庄》(见第20页)。与1923—1925年间那些引起争论、遗失在德国和俄国的作品相反，夏加尔在这幅画里显得平和多了，营造了充满笑意的构图，但却很"法国化"。1925年秋为《死魂灵》画的插图则显露出"俄式"版画中的怀旧感情。

《开玩笑者和鱼》是为《寓言诗》而作的一百幅水粉画之一。这些水粉画后在布鲁塞尔和柏林等地展出,全部销售一空。

## 画家与寓言作家

四十岁的夏加尔正值鼎盛之年,他精力充沛,大量创作。1926年他一完成《死魂灵》的插图后,就应沃拉尔之请为拉封丹的《寓言诗》作水粉画插图初稿,历时五年。画家卢奥诘问沃拉尔为何选俄国画家为法国传世之作画插图,他回答说:"正因为寓言作家伊索具有东方渊源,我才考虑其出生及文化背景都与神奇东方相近似的画家。……他的美学观令我感到亲切,某种程度与拉封丹相仿,既天真质朴又洞察入微,既写实不虚又幻想独具。"这段话引起不小风波,甚至闹到众议院。

夏加尔首先"思索"色彩。两年内画了一百多幅色彩炫目的水粉画来配这些亚历山大体的诗句。他从小就熟知克里科夫的俄译本。但如何将这些复杂的内容、强烈的色彩及敏锐的形象转移至铜版上去呢?1928—1931年,夏加尔亲自用干刻法刻制了每一幅铜版。他使用单线和交叉线刻纹,利用干刻刀也运用画笔,涂耐腐青漆也用水粉颜料。多亏刻纹打磨师波坦领导众多助手通力合作,黑白铜版制作得极为细腻精美,似乎有"套色"版的韵味,丰富的色调中浮现出微妙的线影纹理。凭着经验加上艺高胆大,酸腐蚀制版控制得得心应手。这样在光泽的纸面上就印出了从浅灰到黑色

夏加尔为沃拉尔绘制的《寓言诗》插图直到1952年才由泰里阿德出版。左图为《化身为女人的小猫》,下图是《狼叼小羊羔》。第64页和第65页分别是《森林之神与过路人》《磨坊主及其儿子和驴子》。

064　夏加尔：醉心梦幻意象的画家

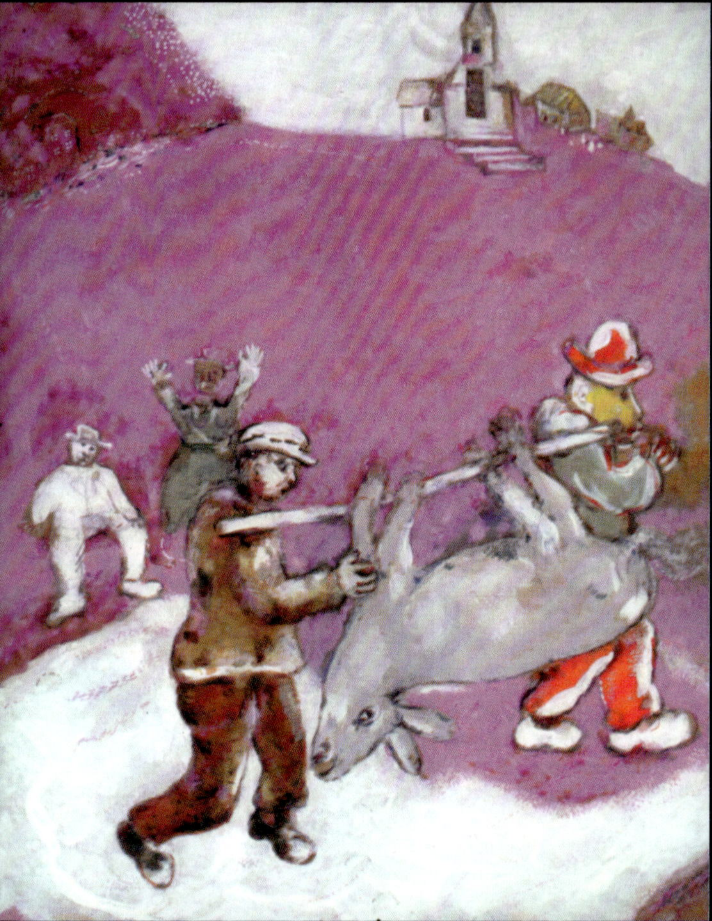

的各种浓淡的色度，其表现力犹如布面油画。但夏加尔对这些版画的效果并不满意，他又对总共印了八千五百套的《寓言诗》的每套插图都亲手用画笔蘸水粉或水彩颜料上色。沃拉尔被折服了，从此保证定期支付稿酬。接着又委托版画家协会的这位年轻创始人再绘制有关马戏题材的版画。

## 热衷于马戏杂技

夏加尔幼年看过许多街头卖艺者的杂耍表演，且每年都参加犹太人普林节的狂欢活动。他很迷恋源于10世纪拜占庭的杂技艺人。沃拉尔感觉敏锐，善讽刺，有远见，他在冬季马戏场里订了间包厢，邀请夏加尔一家去他那儿做客。以《沃拉尔马戏团》为标题的十九幅水粉画集中反映了马戏演员、骑士和小丑们的风采。夏加尔还客串登场，说白夸张，自娱自乐。杂技和杂耍演员、魔术师和奇妙的驯兽节目（《抽烟的山羊》），使他重温了童年时代

天真无邪的情趣。

回首往事，曾有多少马戏团激发起艺术家们的灵感。19世纪80年代，洛特雷克和德加曾在此不期而遇。1929年经济大崩溃期间及其前后，各路艺术家，如毕加索、卢奥、博纳尔、洛朗森、卡岱尔以及严肃的蒙德兰都曾以迷恋俄罗斯芭蕾舞的热情，在"屋顶公牛"举行的晚会结束前观赏过马戏表演。

画家在这些水粉画中，正如在他有关的油画中一样，纵情于对闹剧的偏好，从中汲取灵感，直到晚年仍兴趣盎然。在创作手法上他虽然接近于《爱丽丝漫游奇境记》的作者卡罗尔，但他更欣赏卓别林。日后他对雅克·盖纳说："这位在电影中所追求的，正是我企图在绘画中探索的。"（《充满生命力的艺术》，1927年）

1928年夏加尔会同已在巴黎安顿下来的巴克斯特一起接待了莫斯科犹太剧院的朋友们：萨洛蒙、费费尔等（下图），他们来首都巡回演出。在冬季马戏团里，他为创作《沃拉尔马戏团》的水彩画册汲取灵感。该画册于1952年由泰里阿德出版。

1926年，夏加尔以自然主义的手法画了奥弗涅香邦湖畔的一座教堂。

## 发现法国

夏加尔是位乐此不疲的画家：除了绘画外，十五年内还创作了四百多幅版画！他说："若不经贝拉同意，我完成不了任何一幅油画或版画。"这不妨碍他外出旅行。1926年和1927年，他远离巴黎赴外省度长假。首次驻留蓝色海岸（日后定居近三十年），他惊喜于南方明艳的光色和贝拉每天带回的艳丽鲜花，画出了《百合花情侣》《手持花束的新娘》。在奥弗涅香邦湖畔多姆山画了许多风景画：钟楼的尖顶和农庄白垩质的墙垣。在乡间漫游时，画家所到之处，直至上萨瓦省白雪皑皑的群峰，画了一些笔意流畅、随意率真的水粉画；他敏锐地抓住家禽饲养场或收获季节热气腾腾的场景，表示对侨居国土的眷恋。

## "夏加尔——心之荣光"（文杜里语）

在巴黎，夏加尔流露出善于交际和愉快开朗的性情，尤其与作家波朗、马尔罗、絮佩维埃尔、迪蒂、米肖关系密切，也和画家卢奥、博纳尔、弗拉明斯克、加尔加罗（后者为他制作锻铁的浮雕像），以及建筑师夏洛时常会面……然而无论是毕加索、莱热，还是超现实主义的画家们日后

1928年，夏加尔在小伯恩海姆画廊的预展会上展出《寓言诗》的水粉画，同时与马尔罗和波朗建立了联系。

《时间是条无岸的长河》，或称《无岸的时间之河》（1930—1939年），显示了夏加尔借用超现实主义画家埃恩斯特或马格里特宣扬的技法，在意想不到的并置构图中注入诗意般的形象。这一晦涩难懂的标题取自奥维特。长翅膀的鱼、飞翔的钟、平静的河流、搂抱的情侣从此成为他作品中反复出现的主题。下图为夏加尔与贝拉内部装修华丽的、位于奥特伊的蒙莫朗西别墅。

都没有成为他的知交。

1927年，小伯恩海姆画廊与他签约。愈来愈多当代最有影响力的文艺评论家写文章评论他：萨尔蒙（1928年撰写了第一本法文版专著）、泽尔伏、苏波、乔治、雷纳尔、盖纳、勒万松、夏朗索尔……夏加尔夫妇生活安逸，感情融洽，志同道合，住在巴黎最漂亮的住宅区，奥特伊的蒙莫朗西别墅内。

1928—1931年，油画的数量就较少了，因为那时他主要为拉封丹的《寓言诗》画插图，这些插图采用的对比色光彩夺目，构图的宽容度也更大了。情侣题材与动物（《骑着公鸡》）、

*《埃菲尔铁塔的新婚夫妇》(1939年)，这个标题出自法国作家让·考克多。白公鸡驮着新婚夫妇，显示正飞向伊甸园。象征巴黎自由之光的太阳用絮状和感官的色彩绘就，加强了作品中诗意的象征性。*

花卉题材结合起来了。夏加尔又回到非理性地自由安排画面的路子上：长翅膀的鱼、飞翔的钟、翱翔的情侣（《时间是条无岸的长河》《持花的天使》《埃菲尔铁塔的新婚夫妇》）。画面上下颠倒，人物比例失调，对立的主题交融。这种形式的张力有助于参观者产生快感，使他们的目光来回浏览，根据一种驾轻就熟的荒诞派象征主义，去发现离奇和可笑的对比。处于名声的顶点，夏加尔成了巴黎画派的主流人物。

## 巴勒斯坦之旅

20世纪30年代画家主要创作《圣经》插图。这是沃拉尔委托的新任务。这套可观的系列画有一百幅之多，占用了

1931—1939年、1952—1956年两段时光。这无疑是画家成熟期反映心灵主题的一块奠基石，并以其丰富的《圣经》内容照亮了画家日后整个创作历程，吹响了泛灵论的号角。

接受任务前，夏加尔携全家去了巴勒斯坦，探索这块先祖的土地，"观察和体验他自己的《圣经》"。1931年，在亚历山大、开罗稍事停留，他受到以色列创始人之一、特拉维夫的奠基人和市长迪赞戈夫的接见。1931年2—4月，他滞留在当时还受英国保护的这块圣地。特拉维夫、耶路撒冷、萨法德是朝圣的主要旅站。据画家说，朝圣是他一生中印象最深的圣事。耶路撒冷的城垣以其永恒的历史感以及富于东方色彩的还愿修行而承载着极端强烈的感情。沙漠气候，起伏地形的远古力量，冬日清澈透照的阳光，赋予圣地以静穆宏伟的性格，萦回着某种特有的震撼力。

夏加尔无暇顾及优美的风景，潜心研究童年起就向往的犹太国。犹太教堂、《哭墙》、《拉结圣墓》都是些主题性绘画，它们与其说是"文献"，更主要的是表达了画家在诗意和宗教信仰中获得了新生。

一回到巴黎，他马上为《圣经》插图画了几幅水粉画草图。画家越来越多地使用刷子和画笔来丰富其表现力，更突出了腐蚀铜版画的"绘画"特征。面对《旧约》书卷，他急于想用版画形式传递造物主的信息，从《创世记》和亚伯拉罕的叙事诗到《先知书》中选择圣徒肖像。铜版制作的各个不同阶段，足可见证这一内心的求索。开卷伊始，《创世记》中的女英雄们令画家心醉神迷。他或以细腻微妙的娇媚，或以强

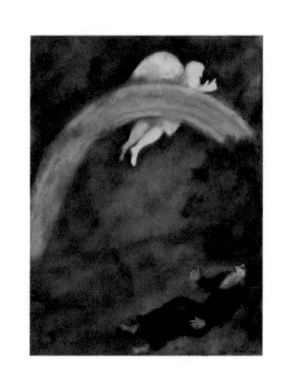

《彩虹，上帝和人间的联系征兆》是为《圣经》画的水粉画，反映出从耶路撒冷回来后，作品中庄重的色调，从中可以看到最初的思考。该画采用中国水墨画画法，用来配亚伯拉罕·沃尔特的《诗歌集》（1938年出版）。

有力的魅力装扮着路得、拉结、以斯帖、撒拉……并在原有美貌的基础上将她们拔高。当希特勒最初几次叫嚣般的演讲响起之时,夏加尔在《圣经》插图中寄托了寓意,为压抑着整个欧洲的惨痛现实发出了深沉的呻吟。但以理、约拿的面部表情预示着大灾难之夜。先知们、约珥、阿摩司、撒迦利亚宣告了七支叉烛台未重新普照世界之前的黑暗时期。

## 受迫害的时代

在 20 世纪 30 年代夏加尔夫妇经常出游。夏加尔对古典画家求贤若渴,去荷兰观赏伦勃朗的作品;到意大利的托斯卡纳去观赏卡拉瓦乔和丁托列托的作

在耶路撒冷,画家受到先祖之国的感召。"文献画"《哭墙》(1932 年,上图)取自有关所罗门圣殿传奇废墟的典故,流露出对圣地意味深长的情怀。

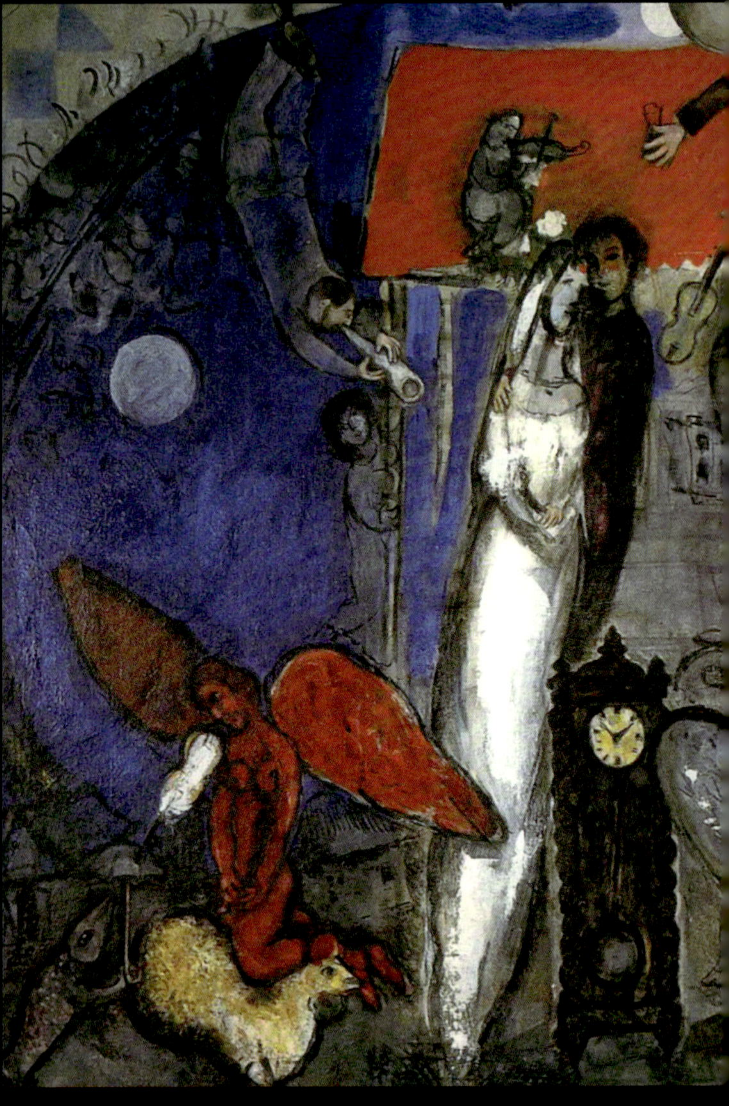

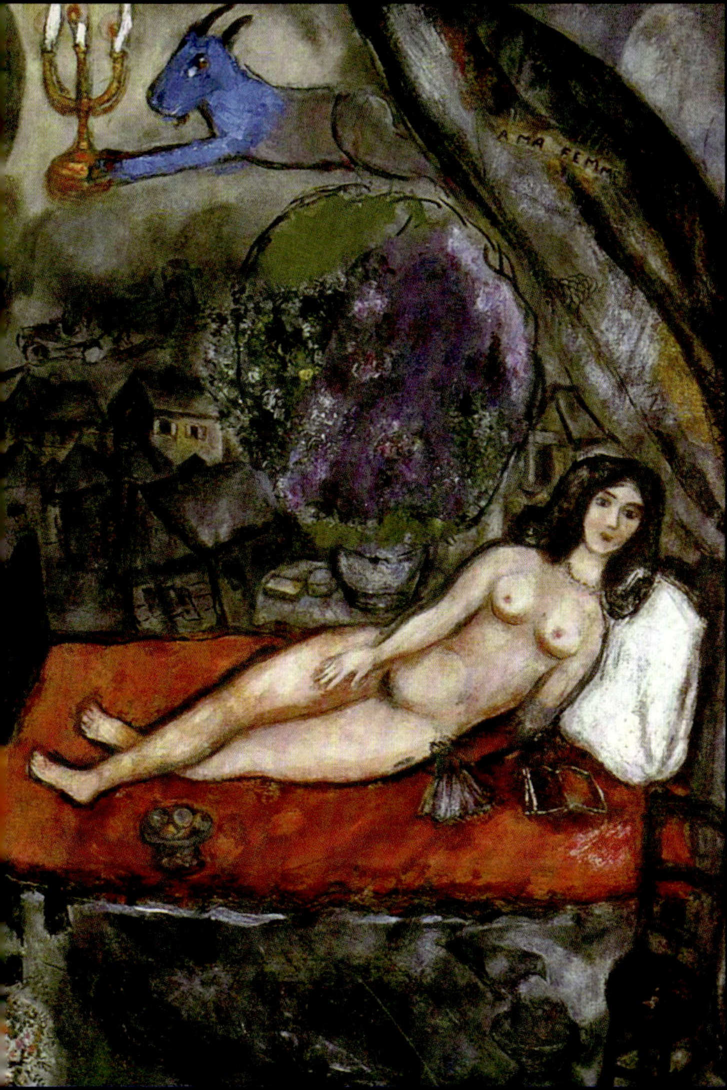
A MA FEMM

品，再去西班牙观摩格列柯和戈雅的作品。他边旅行边观摩，日益丰富着自己的记忆之库，日后融化于自己的创作中。1933年纳粹在曼海姆焚毁了他的三幅作品，他的作品从德国的博物馆撤下，甚至以低价抛售。另一些作品后来出现在"堕落艺术"画展上（慕尼黑，1937年）。1935年夏加尔赴波兰参加维尔那犹太学院的揭幕典礼，那儿的时局使他大为震惊。犹太人集居区惨剧的被揭露，反犹风潮的弥漫以及行军的皮靴声，预示着大屠杀和集中营即将来临。对此，画家在1937年创作的油画《革命》中做了谴责。西班牙战争的残暴，德国的"水晶之夜"，奥地利和苏台德的被兼并，都预示着将发生更多的悲剧。

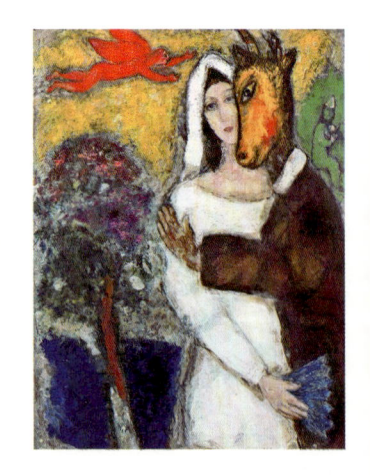

## 夏加尔——法国公民

1937年,夏加尔迁居夏约山附近的特洛卡岱洛。人民阵线批准他加入法国籍。万国博览会也向他致以崇高的敬意,让他倍感荣幸。在展厅里,他的十七幅油画居于中心地位,作品数量比同时代画家基里科、格罗曼尔、基斯林、苏蒂纳和莫迪里阿尼多得多。在新的画室里,《花束和大提琴演奏家》占据好几个墙面,对面是《仲夏夜之梦》,仿佛是些念着咒语的、喜气洋洋的画像,看似并无悲剧色彩。然而画家在画架上完成了一幅风格刚劲而富有戏剧性的构图:《白色耶稣受难像》(1938年)。这一幅充满幻想色彩的还愿画超越了基督教最早的那幅圣像画。夏加尔在绘制这幅象征性的现代"祭坛装饰屏"时,采用了各种装饰人物,

1937年,纳粹在慕尼黑举办灾难性"堕落艺术"的回忆画展,夏加尔有三幅作品从德国博物馆撤下在此参展,《估价》、《献给我的妻子》(1933年,第74—75页)以及《仲夏夜之梦》(1939年,左页下图)歌颂了对贝拉永恒的爱。《革命》(1937年,上图)是另一种形式的政治画,画中列宁被画成向革命者甩红旗的小丑。

布置在受难者这一中心人物的四周,以此来表示犹太人被逐斥的命运。把殉难者与那撒勒的耶稣(他本人也是犹太人)视为同一人,让我们看到永恒仁慈的化身。画中殉难献身的那个人并非上帝之子,而是象征着整个人类在与恶魔做斗争。

## 第二次流亡

1939年,在沃拉尔意外身亡及都兰地区发生大逃亡后不久,夏加尔一家出发去了自由区。经与安德烈·洛特商量后,他们买下了吕贝隆地区哥尔德镇的一座旧校舍,在那里度过了1940年和1941年。维希政府发布了反犹太法令,在几度犹

从20世纪20年代起,基督教哲学家雅克·马里坦及其夫人赖莎(一个信奉天主教的犹太女人)就一直是画家的亲密朋友,先是在巴黎后在纽约过从甚密。赖莎在她的一本名为《夏加尔或魔幻的暴风雨》的有趣的书中提到了《白色耶稣受难像》(左上图)。

豫后,他们最终下定决心离开法国。他们在紧急营救委员会的领导人韦里昂·弗里以及美国驻马赛领事亨利·宾厄姆的大胆干预下才避开了贝当政府警察的追捕。这个委员会应纽约现代美术馆的请求援助尚幸存在法国南方的艺术家们,如马蒂斯、毕加索、马松、埃恩斯特等……在女儿伊达的协助下,夏加尔一家在里斯本登船逃亡,携带的行李重达 1600 公斤:纳粹企图没收的画室里的全部作品。1941 年 6 月 23 日,即德国向苏联不宣而战之时,夏加尔及其夫人贝拉以激动和难以置信的目光看到了高擎在自由女神像手中熊熊燃烧的火炬。

仅仅因为苦难和眼泪才要去找基督,夏加尔在一幅大屠杀的油画中心画了基督像,在牙白色广阔空间的背景上展开双臂庇护着流离失所的人们。一盏犹太人用的灯安排在他的脚下。天空中一群犹太人在哀号。无法解脱的悲惨情景!犹太人的村庄在燃烧,犹太人在向四面八方逃窜。只有耶稣基督的怜悯化成一道白色的光柱把人们的痛苦引向自身。犹太人深沉的苦难与法国人原始派绘画中严肃的柔情结合在一起了。

——赖莎·马里坦《夏加尔或魔幻的暴风雨》,1948 年

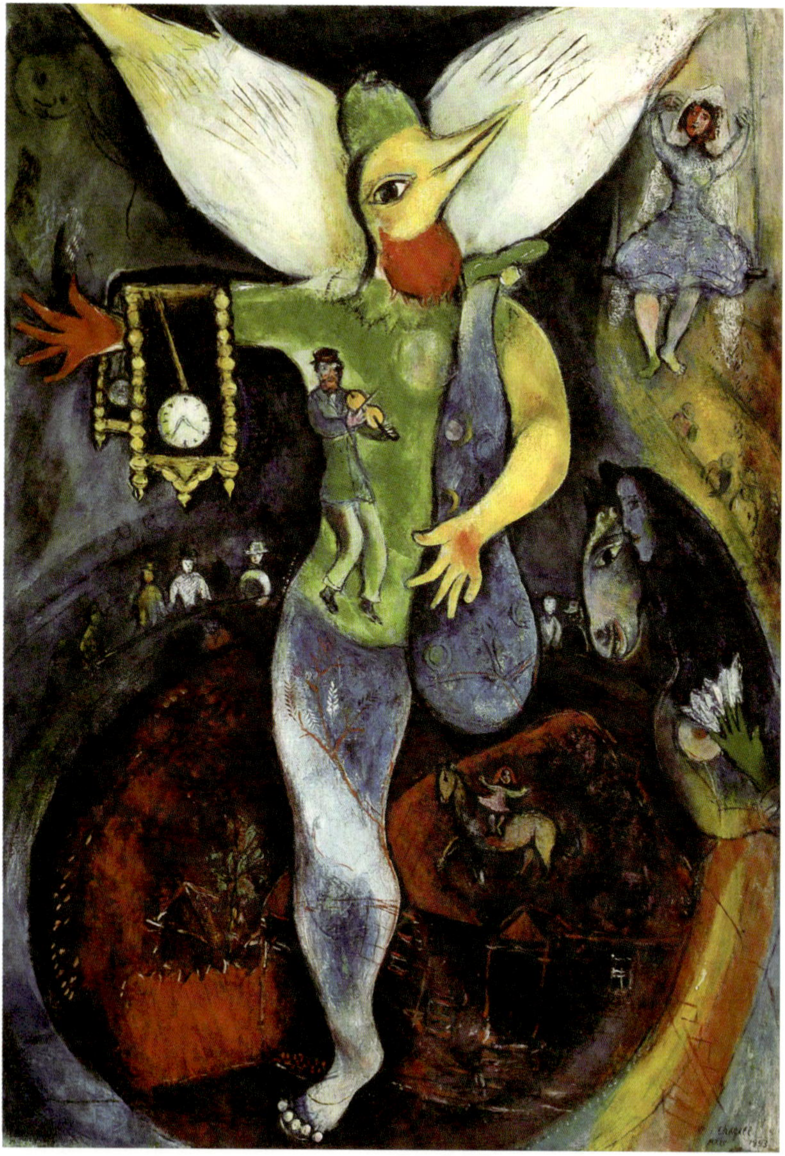

夏加尔一家首先被人口稠密的大都会纽约震慑住了。它那惊人的、节日般的喧嚣嘈杂在战火弥漫的旧大陆简直是不可想象的。20世纪40年代，摩天大楼的金属结构闪闪发光，纵横交错的街道上风呼啸而过，金钱王国、汽车帝国、无线电城大厦，简言之，这座说着多种语言的城市以其紧张繁忙的生活节奏给他们留下了深刻的印象。但夏加尔不愿学习英语，他坚持说意第绪语、俄语和法语。

# 第三章
# 从流亡美国到定居普罗旺斯

夏加尔起先在纽约住过好几家旅馆，在那儿几乎无法画画。1943年起他迁入74号街的新居并构思这幅《杂技演员》（左页），一只神秘难解、表演杂技的公鸡，色彩斑斓，在马戏场中跳舞。画中反映出俄罗斯的乡村风光。

美国在战时加强了移民法。但1942年，俄国与美国签订了反德同盟条约，所以夏加尔一家受到良好的接待。

## 一个欧洲人在纽约

纽约当时还不是"大苹果"，但在自由女神的庇护下，众多的流亡者组成了整整一个犹太人的聚居区，尤其是从贝当政权铁蹄下逃亡出来的法国知识分子和艺术家们：布雷东、列维-施特劳斯、马里坦一家、埃恩斯特、坦圭、莱热、马松、埃利翁、扎德金等。住在附近的收藏家们（古根海姆、雷贝、斯特恩）、博物馆馆长们（巴尔、斯威尼、阿侬库尔）、艺术家们（考尔德、海特）都十分乐意接待这些现代派的代表人物。几次画展的举办表明了这里对欧洲文化的渴望，如现代艺术博物馆的"流亡美术"画展和1942年马蒂斯画廊的"流亡画家"画展，1945年惠特尼博物馆的"欧洲艺术家在美国"画展。在中央公园附近，马蒂斯之子皮埃尔·马蒂斯向夏加尔开放了他的画廊。从此，

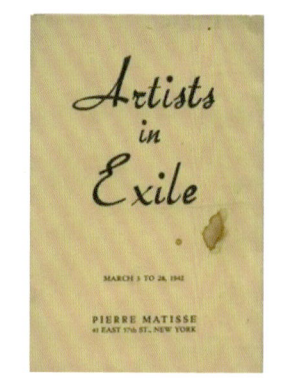

流亡艺术家们在纽约，前排左起为马塔、扎德金、坦圭、埃恩斯特、夏加尔和莱热，后排为布雷东、蒙德兰、马松、奥任芳、利普希茨、切利谢夫、塞利格曼和贝尔曼。

他在美国一直充当夏加尔作品的辩护人兼经纪人，历时四十余年。1946年斯威尼在现代艺术博物馆为流亡的画家举办了一次很完整的回顾展，这是继1933年在巴尔美术馆画展之后的第二次。

夏加尔不像其他难友那样悲惨，他离开法国时携带了外币，特别由于他女儿的安排，他把自己的绘画作品大都托运出境，这些都是他作品中的主要部分，然而他依旧为1914年丢失的作品感到痛心。在面对哈得孙河的最初的寓所里，夏加尔拆封了自己的画作。有好些作品还未画完，后来在美国陆续完成。最初几幅在大西洋彼岸美国完成的作品，仍延续在法国创作时的风格，只是在色彩的力度和密度上更为强烈。

上图，《天使的堕落》。下图为贝拉和夏加尔在皮埃尔·马蒂斯的画廊里。

## 夏加尔与芭蕾：《阿乐哥》与《火鸟》

1942年春，俄罗斯前芭蕾舞演员兼编舞家马辛，邀请夏加尔为美国第一个剧团（芭蕾舞剧院）绘制柴可夫斯基根据普希金的

《阿乐哥》四场四幕，夏加尔和马辛采用了柴可夫斯基的《钢琴三重奏》作为舞剧的配乐。第一场《阿乐哥与珍菲拉在皎洁的月光下》（下图）；第二场《狂欢节》；第三场《夏日午后的麦田》；第四场《圣彼得堡幻想曲》（跨页图）。这一布景画具有双重敬意：用闪着红色的火焰向圣彼得堡致敬，同时也纪念《茨冈》和《青铜骑士》叙事诗的作者普希金，令人回想起显现在白夜中的彼得大帝的宏伟的塑像，面对着涅瓦河畔马尔索沃教场的柱廊。布景画的左边为女主角珍菲拉的墓地，在象征着太阳的烛台的照耀下，一匹激情的白辕马正向它飞去。

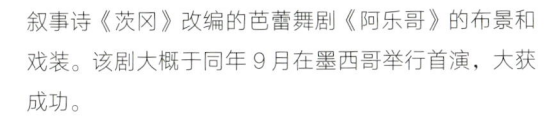

叙事诗《茨冈》改编的芭蕾舞剧《阿乐哥》的布景和戏装。该剧大概于同年9月在墨西哥举行首演，大获成功。

夏加尔抓住了机遇，在为《火鸟》绘制布景、戏装和迷人的面具方面，更好地让纽约人认识了自己。

---

巴兰钦一阵风似的走进了戏装室，纽约市芭蕾舞剧团的主要舞蹈家玛利亚·塔尔希夫和弗朗西斯科·曼西昂也前来试装。伊达一直跟着母亲寸步不离。她负责监制《阿乐哥》的戏装。夏加尔也来视察伊达事先为之试装的舞蹈家们。他有时用蘸颜料的画笔直接画在戏装上，这儿画出一条，那儿添上一点。

——弗吉妮娅·哈格德《我与夏加尔度过的生涯》

---

马辛师承佳吉列夫剧团的尼金斯基，将一种全新的舞剧特性注入了古典芭蕾舞剧。夏加尔和贝拉醉心于将叙事诗搬上舞台，与他们的这位同胞结下了温馨融洽的友谊，这份情谊又因泛斯拉夫主义的志同道合而更为加深了。他们围着留声机、调色板和俄式浓菜汤日复一日地工作着，讨论乐谱、水粉画和传统，重新找到了共同的根。

《阿乐哥》是俄罗斯浪漫主义文学中一个忧郁主人公

> 夏加尔一家人抵达纽约几个月后开始想念起法国来了。他们除了欧洲人的小圈子外，很少与美国人交往。皮埃尔·马蒂斯特别向犹太收藏家们出售作品。但纽约的报界对他的画廊在1948年前举办的七次画展多有微词。颇不正常的是，流亡的这几年使画家疏远了法国这个根，他只能从讲意第绪语的朋友那儿重新找回犹太文化：中世纪文化的研究者夏比罗、雕塑家格罗斯（曾为夏加尔塑过五尊肖像）、意第绪语作家奥波塔舒、美术史家文杜里。

的典型，激情和嫉妒导致了他的绝望与谋杀。画家成功地演绎出了那种悲壮而又具煽动性的感染力。夏加尔画了四幅大型的布景画，突出了剧情纯俄罗斯的悲剧性。且不论"布景"，仅就其真实意义而言，这乃是对普希金时代俄罗斯的纪念性追忆，而舞者就在这种追忆的氛围中起舞。

在安娜约克高原寒冷的月光下，夏加尔采用了一种美国空间所蕴含的广袤的宁静来笼罩舞台的幕景，以加强色彩的力度；而马辛在舞蹈设计上，运用舞台技巧突出了俄罗斯色彩鲜艳的戏装。

## 从战争到浩劫："最后的先知们沉默了……"（夏加尔语，1942年）

1943年从俄国前线传来的消息都是悲剧。夏加尔在纽约遇到了莫斯科的老朋友，种种回忆涌上心头。他那时所画的多幅《耶稣受难像》象征着他祖国的殉难。战火、迫害和死亡，以戏剧化的证据形式在《黄色的耶稣受难像》中被记录下来。战争题材中的痛苦，转变成了经历过的或梦幻中的隐喻：大火燃烧的村庄，风暴中的海难，雄鸡在蓝色夜雾中的啼叫，长着怪蹄被茜草染成红色的毛驴。

然而前线残酷的杀戮远不如大屠杀那般恐怖。心灰意懒的夏加尔永远也不能提笔画"浩劫"了。面对着难以描述的启示录，他吟诵圣诗的挽歌声只能用愤怒的沉默和无声的咽泣来表达了。

## 贝拉之死："这些年来她的爱充实了我的艺术"

夏加尔在纽约，就像在巴黎一样，喜欢到农村去走走。

这幅为《革命》一画所作的习作证实了画家的朋友，中世纪文化无可争议的研究者夏皮罗的话："中世纪的文化可不是一般的插图画，它是一种神圣的传奇性的插画。从这一意义上讲，夏加尔堪称插图画家中最伟大的一位。"

阴沉得像画家的调色板一样的《克兰贝里湖》(1943年)是系列画中的一幅。在该画中，夏加尔面对着画架表达了他在纳粹迫害时时噩梦般的萦绕心头的孤独凄惶。

1943年，他们在埃迪隆达克山附近的克兰贝里湖畔物色到了一处带有画室的安静住所，便住下了。1944年8月25日，他们从广播中收听到了巴黎解放的消息，贝拉高兴极了，一心想尽快回巴黎。但命运却做了另一种安排：几天后贝拉染疾，又疏于护理，病逝于附近的一家医院。1944年9月2日，夏加尔骤然失去了三十多年来一直是他的缪斯和伴侣的爱妻："我眼前顿时一片漆黑。"夏加尔身心完全垮掉了，他无法重握画笔达九个月之久。

1945年春，他把以前《喜剧小丑》画割开，画成两幅类圣像画——《婚礼之光》和《永伴她身旁》，以悼念他心爱的亡妻。这两幅画如同贝拉逝世前不久撰写的那本辞藻优美的自

传一样,乃是回荡在绘画中的一阵回响。她这本回忆维捷布斯克青年时代的自述于1947年在纽约首先用意第绪语出版,书中有夏加尔撰写的后记和所作的插图,后于1973年由伊达译成法语出版。1946年初,夏加尔在纽约州北部的凯茨基尔森林瀑布区买下了一幢传统式的小宅。幸亏有这所庇护所,他不再触景生情,勾引起与贝拉共度的岁月,他在此度过了居留美国的最后两年时光。

《婚礼之光》(1945年,上图)是以绘画表现的悲歌式的隐喻。夏加尔在贝拉这本书的后记中写道:"维捷布斯克市的巴辛卡,山峦上的贝寥契卡山峰连同云、树和房屋一起倒映在德维那河的河水中。"

《点燃之光》的第一版于1947年在纽约用意第绪语出版。夏加尔将法文版的一本样书赠送给他的女儿（1973年，左图）。下图为配《一千零一夜》的插图素描。

## 波斯交响曲：《一千零一夜》

在那里，他开始为《一千零一夜》画一套迷人的水粉画初稿，约在二十年前沃拉尔（总是他！）就已提过此事。夏加尔在接受纽约出版公司编辑沃尔夫的订货后，就生平第一次遇到了套色石印的技术问题。十三幅石版画，像诗人阿波利奈尔形容的那样，如同东方宝石一般，和着"超自然主义"的节奏流水般地印制出来了：奢华的山鲁佐德及其妹妹敦尼娅佐德以一种纯真和王族的方式，面对苏丹沙赫里亚尔吟唱着卡马·阿·查曼的媚惑狡黠、断断续

希弗林请夏加尔为《一千零一夜》画插图。从人物身上散发出的肉体欢愉感表明他已与弗吉妮娅萍水相逢了。

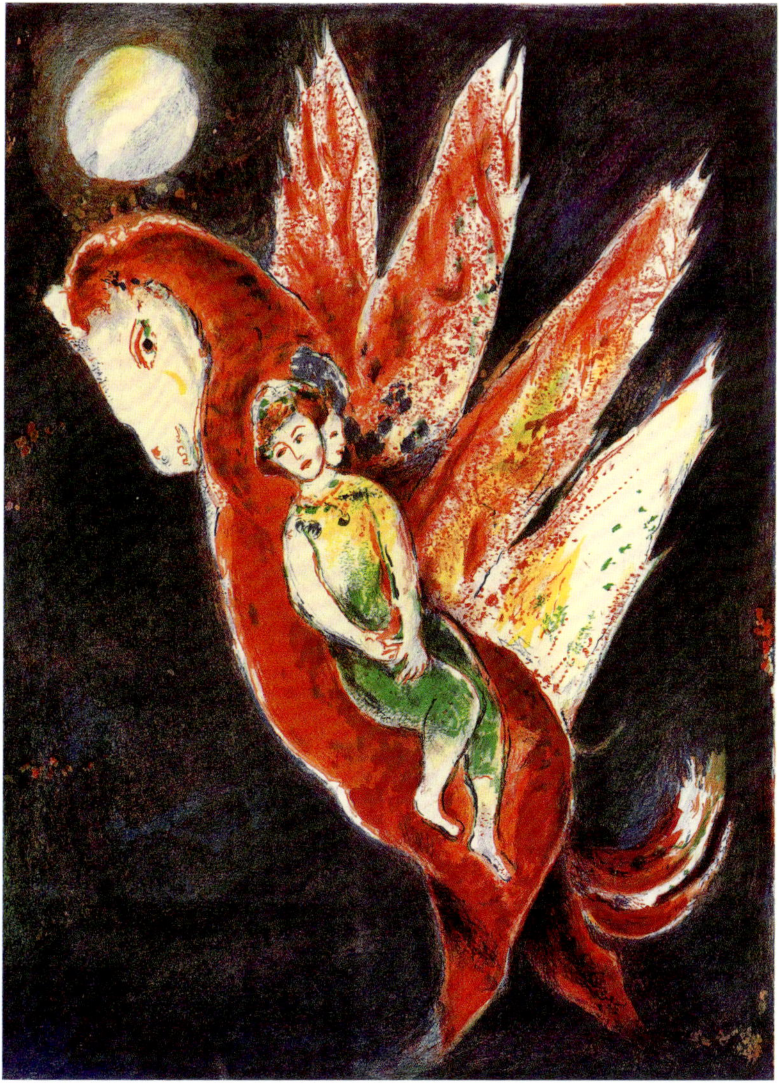

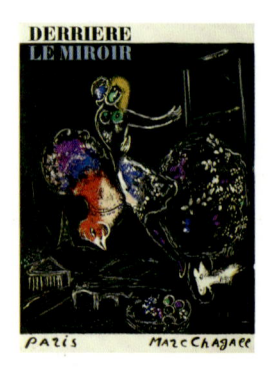

续的故事以及苦行僧们的传奇与轶事……水粉画流畅的色泽和丰富多样的构图令人感受到阿拉伯古代传奇故事中陷害和反抗的氛围，从而获得惊喜的愉悦。回到法国后，夏加尔仍不断回忆起石版画的制作情景。在夏尔·穆尔洛，后来在他的朋友和回忆录作者夏尔·索尔利埃的协助下，他以异乎寻常的多产速度创作了大量套色石版画，其中《镜中世界》杂志的著名插图都是由他那位欧洲画商马格编辑出版的。

> 1948年，在奥热瓦尔，夏加尔和弗吉妮娅带着戴维住进了一幢类似于山区木屋式的别墅（下图），带有鸽棚和已蛀腐的木塔楼。夏加尔将画室安顿在两间采光良好的大房间里。
> ——弗吉妮娅·哈格德《我与夏加尔度过的生涯》

## 返回法国：夏加尔和弗吉妮娅在奥热瓦尔

1945年，伊达将一位年轻的女士，弗吉妮娅·哈格德介绍给自己的父亲。她有英国－魁北克血统，在与爱尔兰画家约翰·麦克耐尔结婚前，曾在巴黎美术学校学过绘画，婚后生有一女。1947年弗吉妮娅成了夏加尔的伴侣并生下儿子戴维。夏加尔在巴黎短暂地住了一阵子后，就决定携弗吉妮娅与儿子迁居至法国外省。伊达好不容易在奥热瓦尔镇，靠près莱伊河畔的圣日耳曼市，为他们物色到一处迷人的、贵族式的乡村木质别墅。它具有现代建筑的风格：屋顶上高耸着两座尖顶的木塔楼，四周一圈洛可可式的阳台，整栋别墅看上去好像来自童话世界一般。夫妻俩在那里住了一年多。在画布牧歌式的背景上，一对柔情的恋人忘情于白蒙蒙的晨曦薄雾中。家里的见证物，都对这第二次婚姻显示出脉脉含情的眷恋：靛蓝色的小提琴、杏

仁色的奶牛、翠绿色的公鸡、灰绿色的月亮。1947年，巴黎国立现代美术馆趁馆内东京宫开幕典礼之际，美术馆馆长让·卡苏举办了夏加尔在法国的首次回顾展。

《夜景》充满着低沉的感觉，预示着将与弗吉妮娅分手。新娘骑马飞向烛台总令人回忆起贝拉。

"巴黎,我在美国梦见它,在那里我感到充实,如获新生,几乎像又一次降临人世;我擦干眼泪,然后又重新哭泣。由于战争和磨难,我不得不离开法国,以致这一切又在我身上苏醒,成为我的思想与生活的框架。"夏加尔在完成《埃菲尔铁塔》(左图,1953年)一画不久就向雅克·拉赛涅吐露了自己的心声。该画是形式颇不规正的色粉画,是夏加尔作品中少见的一种技法,乃是《向巴黎致敬》系列画的延伸。

## "巴黎反映我的心灵。我愿融于其中,不想孤独一人"

画家对法国这个第二故乡的眷恋之情是持久不衰的。在六十岁时,他依旧感受到塞纳河两岸古老优美的景色。全欧洲对他的推崇与日俱增,1948年6月威尼斯双年展向他颁发了版画大奖。

对于两次流亡的夏加尔来说,巴黎首先代表了希望之都。画家在这里已经确立了自己的地位,所以也是他身为创作者的命运的化身。在随后居住在巴黎的这个阶段,乃是这一股心怀感激和宽容的热情的见证。1954 年,夏加尔在马格画廊展出了二十九幅油画。塞纳河两岸奇妙的景色,圣日耳曼·德·普雷教堂、巴黎圣母院、巴士底广场的自由神的寓意性景观……在这些抒情多彩的组合中,拱形的桥梁、圆盘状的太阳、传奇神话中的鸟兽怪物、成双结对的天使和花团锦簇的树丛竞相争妍。从散步时记下的随笔中,从安茹河滨客厅画室的工作台上的草图中可见,这一切都是对城市荣光的新的比照,透过隐喻的诗意现实,留下了猜度梦幻的空间。巴黎的建筑艺术,塞纳河的涟漪渐次在画家的创作语言中取代了维捷布斯克市和德维那河。从此,这些原型遂与夏加尔天地中的情侣、天使和小丑、公鸡和鱼,在一种技巧娴熟的色彩的交响中,这儿是画笔和花卉,那儿是调色板和水果,在种种混合的寓意中融为一体了。

离开伦敦时,瓦莲京娜·布罗茨基预先购下了安茹河滨的一套公寓。众所周知,画家喜爱水,这使他的画面上泛起了许多涟漪:德维那河、香邦湖、塞纳河、哈得孙河、克兰贝里湖、地中海……在他们婚后,客厅便改成了画室。

## 地中海的岁月：旺斯之光

实际上，比巴黎更吸引画家的还是法国的南方。1950年遵从《激情》的出版商泰里阿德的劝告（此人后来将沃拉尔未出版的作品刊印问世），夏加尔在尼斯的内地，面对着旺斯的中世纪古堡处买下了一幢名叫"山

> 他的色彩有助于我们衡量他复原亚当时代诸事物的能力，用画笔重新塑造失落的天堂、随心所欲地安排一切事物的能力。
> ——C. 泽尔伏，1939年

第三章　从流亡美国到定居普罗旺斯　099

1915年泰里阿德从希腊来到巴黎,在第二次世界大战结束后,继承了沃拉尔的未竟之业,编印出版了铜版画。夏加尔听从他的劝告买下了旺斯的"山冈"(上图)。画室中的一幅《美人鱼与诗人》(1960年,左上图)令人联想起他女儿伊达与弗朗茨·迈耶(下图)的婚姻。

冈"的高大赭石色建筑物,侧面有间面朝地中海的大画室。

几年前,才思已经枯竭的作家保尔·瓦莱里曾在这里与卡特琳·波齐·普尔岱秘密同居,从而激起了辉煌的灵感。

在这里,夏加尔对弗吉妮娅的爱淡化了。1952年1月,住宅里举行了女儿伊达与弗朗茨·迈耶的婚礼。女婿是瑞士一位年轻的、评价很高的博物馆学家,当时正在撰写论述夏加尔的一本纪念性专著。十年后专著出版问世,就各方面而论,

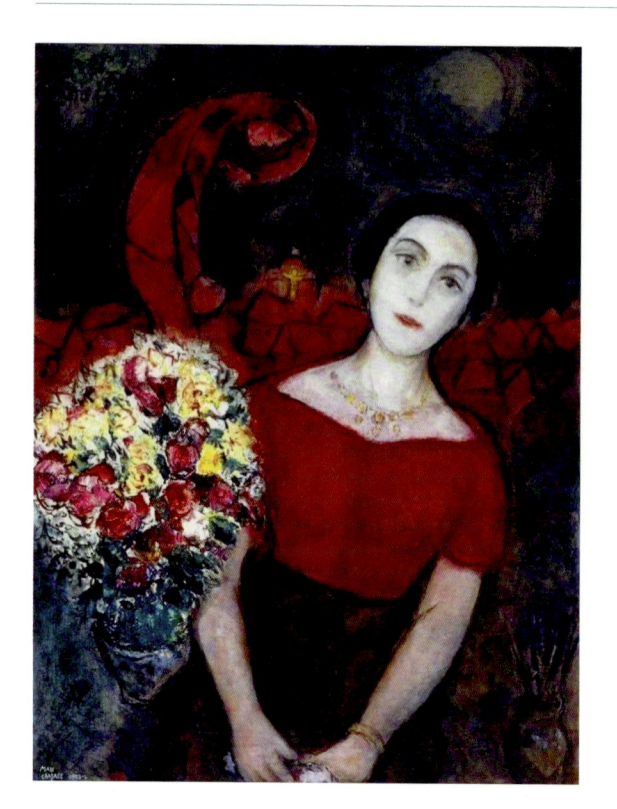

至今仍是写作和分析研究的一个范本。从此夏加尔就更经常地在"山冈"作画,陪伴他的是后来在三十三年的岁月里成了他爱侣和缪斯的——瓦瓦。

## "我眼中只有你,你活着只为我"
（夏加尔献给瓦莲京娜·布罗茨基的诗）

1952年春,夏加尔在泰里阿德家遇到了安顿在圣·让-卡普-费拉的瓦莲京娜·布罗茨基（昵称瓦瓦）。他立刻拜倒在她独特个性和良好教养的魅力下。她1905

画家总是婉拒肖像画的订货,包括巴克斯特于1914年提出的请求。然而贝拉、伊达,后来的瓦瓦,都是他画笔下永恒的肖像画对象。迷恋于他的新婚伴侣的娴静美貌,夏加尔在他生命的最后三十年里从她身上汲取灵感。从1953年起到1956年,瓦瓦的这第一幅肖像画以爱的柔情表示了画家的新生。褐色和茶褐色的单彩,强烈的苋红色,华丽的花束夹杂着金黄色、黄红色和牙白色的花瓣突出了爱人圣像画般的椭圆形的脸蛋。就像伦勃朗画自画像及其妻子萨斯琪亚的肖像一样,夏加尔也画自画像和他的缪斯们的肖像。

《星期天》也是受瓦瓦启发的浪漫深情之作。来自俄罗斯的这对情侣,被理想化成了两只太阳,在埃菲尔铁塔下、巴黎圣母院前和塞纳河畔互诉衷曲。

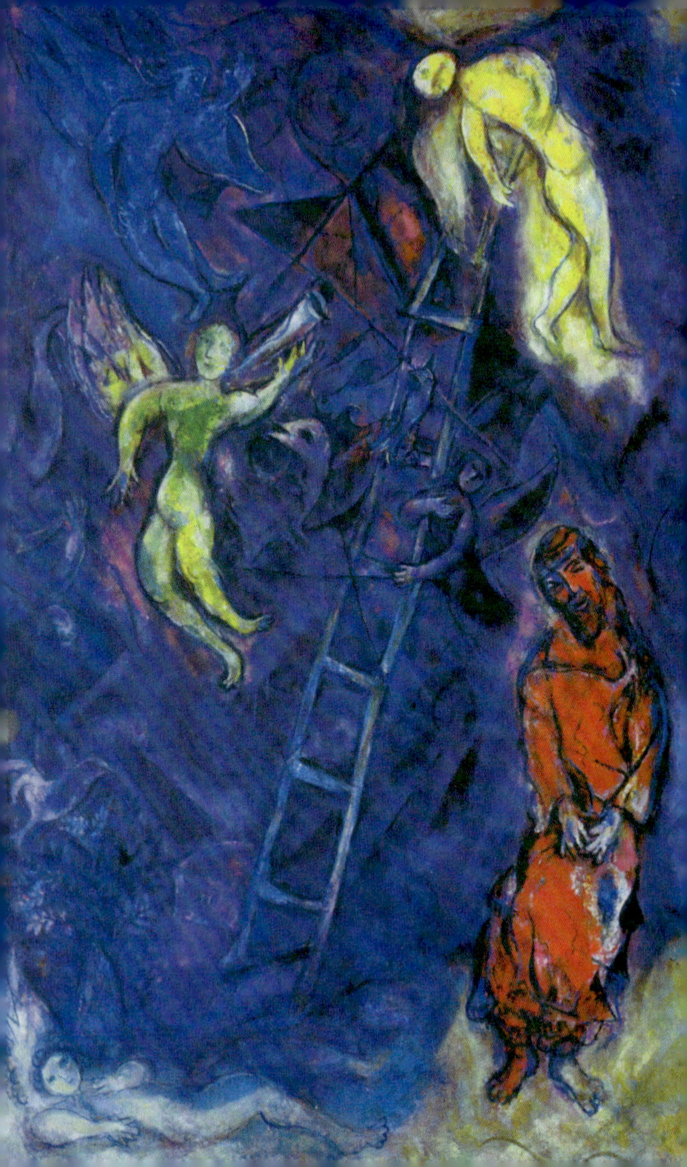

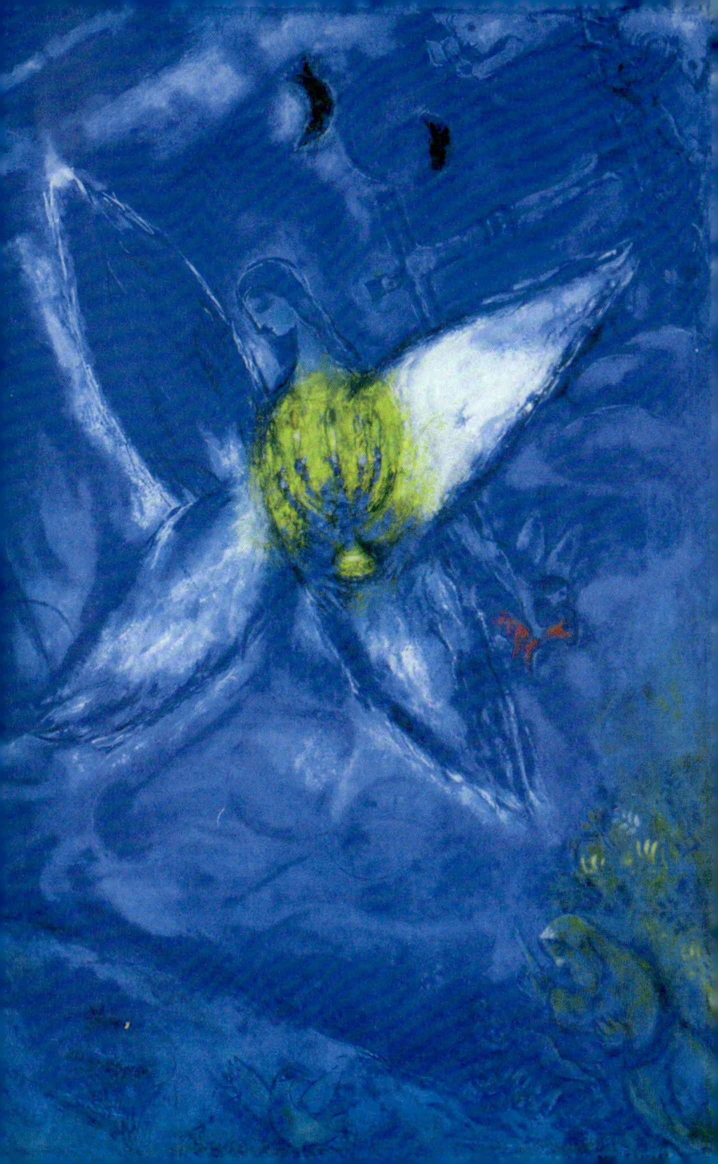

处于成熟期的画家，在一种响亮的胭脂红和朱红色的色彩交响曲中，自比为以色列的第二个国王，即先知大卫王。他用一种自己特有的熟练叙事手法，以千变万化般颤抖的激情把过去——维捷布斯克市（上部）、旺斯（下部），怀念贝拉以及与瓦瓦的结合，都糅合在一起。这是大卫，诗歌之王，令人仰慕的圣诗的作者，为扫罗唱颂歌的音乐之王，但不是光彩夺目的英雄，而是打败巨人歌利亚的征服者。画家把他画成永垂不朽的人物，正面对着匍匐在他脚下的犹太众生唱圣歌。亚比该和亚希暖，他先后的两位妻子，就像贝拉与瓦瓦一样，都显示在画中，一个站在维捷布斯克传统婚礼的红色顶盖下，另一个以年轻的新娘面貌出现，画家的画笔把她装扮成婚礼的花束。

《大卫》(左页插图中穿红衣者)和《拔示巴》(左图、穿蓝衣者)是旺斯年代完成的作品中最成功的两幅。夏加尔破例在巴黎接受了为建筑群创作大型组画的订货。组画由大幅镶嵌画组成,犹如绿树般围绕内院四周,五幅象征性的油画有《大卫》《拔示巴》、《舞蹈》和《音乐》,以及周围的《巴黎景观》。在《拔示巴》一画中,发育成熟的大卫爱上了温柔的拔示巴,正在偷看她沐浴。这情节,夏加尔描绘成了一个不真实的孕妇状,透着蓝莹莹品红色的肌肤,面对着虚构的协和广场,周围围着一圈天光。这位后来成了所罗门母亲的拔示巴,面对着渴望激情的、日趋衰老的男人,焕发出她全部高雅的诱惑力。

年生于基辅,她家拥有庞大的糖业产业。十月革命期间,她没有读完中学就离开了乌克兰,经敖德萨和罗马抵达柏林。瓦瓦于1938年嫁给了一个英国人,她住在伦敦。战争结束后,她宣布离婚,移居巴黎他哥哥米歇尔·布罗茨基住处附近。他哥哥本人在法国被占领前就与贝拉和夏加尔相识……

7月12日,夏加尔与瓦瓦在《战斗报》主编布尔岱及其俄裔夫人伊达的位于朗布耶附近的清泉镇家中结婚。这一新的婚姻填补了画家晚年的空白,使他在地中海滨的生活过得十分平静。

## 带来上帝的信息

夏加尔一到旺斯就发现了一座已改作他用的优美的小教堂——卡尔凡尔圣母教堂。教堂的平面呈十字形,比例严整,计有十二堵墙面，但上面的灰泥已剥落不堪。画家出于本能想恢复它原先的功能：带来上帝的信息。夏加尔花了好几年研究了一个从《创世记》和《出埃及记》开始的十二个情节组成的、环环相扣的构图方案，最后以五幅描述《雅歌》的油画来作结尾。可惜，小教堂的装饰方案未获通过。但是这套宏伟而空前大胆的组画《圣经信息》后来成了画家和瓦瓦共同捐献给国立马克·夏加尔《圣经信息》美术馆的标志性展品的核心部分，并于1973年在尼斯市由马尔罗主持开幕典礼。这一反映人世之爱的组画，成为夏加尔充满诗意和哲学理念的图解圣约书。

《亚伯拉罕和三天使》（左页上图）属于《圣经信息》中的《创世记》组画，是画家的一组杰作。十七幅纪念碑式的油画作品，其中包括《雅各的梦》（见第102—103页插图），占用了画家二十年的时光。他在《圣经》里找到了全部诗意的渊源。他把整套组画，连同《先知以利》一起捐献给了尼斯市的马克·夏加尔《圣经信息》美术馆，1973年马尔罗举行了美术馆的开幕典礼。在旺斯，夏加尔同毕加索一样，开发着陶瓷艺术（《太阳》，1951年，左图；《散步》，1961年，上图）。

## 发现釉瓷艺术

陶瓷自古以来就是普罗旺斯的传统行业。夏加尔从20世纪50年代起就在不同的工场里开发这门用火焙烧的艺术，这纯粹出于创作自由和自我愉悦，起先在昂蒂布市的拉梅尔工场，后在旺斯市和比奥市工场，他最终在瓦洛里结识了领导马杜拉工场的乔治·拉米埃和苏珊·拉米埃。十年间，夫妇俩一直是画家热忱的顾问。20世纪50年代，拉米埃夫妇在整个南方获得了传奇般的声誉：人们经常会在他们的工场与毕加索不期而遇，因为那时毕加索及其夫人弗朗索瓦兹·吉洛，以及他们的儿子克洛德和帕洛马住在"威尔士人"宾馆附近。马蒂斯也经常驾车从他下榻的、建于希米埃高地的"雷吉娜"宾馆前来关心装饰旺斯市多明我会罗赛尔教堂的陶瓷板的烧制情况……

一贯不够耐心的夏加尔，现在露出了笑容：首批试制品极大地鼓舞了他。夏加尔很快掌握了金属氧化物与颜料粉末的渗透性。这些物料均用来装饰按他的要求浇铸或加工成的传统造型的制品。十年内有二百多只瓷盘、瓷板、壁画镶拼板、花瓶以他最喜爱的题材涂上釉彩，镶拼成巴黎的景观，制成未婚夫妇、公鸡、鱼、《圣经》题材、马戏杂技、拉封丹的寓言，这都是凭他想象力经变形而创作出来的……他的釉陶的艺术风格颇为性感，与五十年前博纳尔、德兰、马约尔或师承陶瓷艺术家梅特埃伊的卢奥的风格相似。他以前曾在巴黎的合伙人沃拉尔以及纽约的马蒂斯家里看到过他们极富魅力的作品，这些无疑引起了他强烈的好奇心。

在陶瓷艺术方面（《幻觉》，1962年，左图），也和石雕创作一样（《大卫王》，大理石，1973年，下图），夏加尔并不选择他偏爱的题材，因为此种新的技艺，需要有笑吟吟的愉悦心情和新的诗意。

如同孩子捏面团，夏加尔也捏黏土和泥巴，经他双手塑造出各种奇形怪状的巴洛克式的花瓶，大贝壳状、饰有女人体的水壶⋯⋯他不在乎收益，重在参与，还痴痴地守候着等待开炉。

《女人－公鸡》（1952年，左图）和《幻想的走兽》（青铜雕塑，1957年，下图）。

## 体验石雕

继陶艺之后，夏加尔试作石雕创作。他尤其爱用罗涅产地的软质石灰石作浅浮雕用材。用作墙垣边饰的人物形象、奇异的走兽都以其深奥难懂的、粗野的风格，令人联想起石窟中的壁画艺术或罗马式的柱头装饰（《雕柱，基督》）。

对于这位无与伦比的色彩大师来说，这是一种既新奇又矛盾的体验：在单色的石面上雕刻白色底子的白色形象！在用有限的手段进行创作方面所表现出来的这种睿智，使人联想起他用干刻法制作铜版画时的那些要求。创作工具的变化更突出了精神的伟大，这和他神奇地回忆起在希腊旅游时颇为赞赏的古代雕塑艺术不无关系。20世纪70年代，他制作了几块大理石浮雕板（《大卫王》），其体验不亚于圆雕。他最后一些具有享乐主义造型倾向的、协调和谐的石膏像进一步展示了他的多才多艺。

在夏加尔的艺术形式中，不管是女人、鸟、驴子或鱼，不论是版画、雕塑还是油画，都蕴含着某种灵性、某种幽默和某种力量。它们都把抽象的形式和自然的形式结合起来，浑然一体。
——夏尔·埃斯蒂安纳，1952年

110　夏加尔：醉心梦幻意象的画家

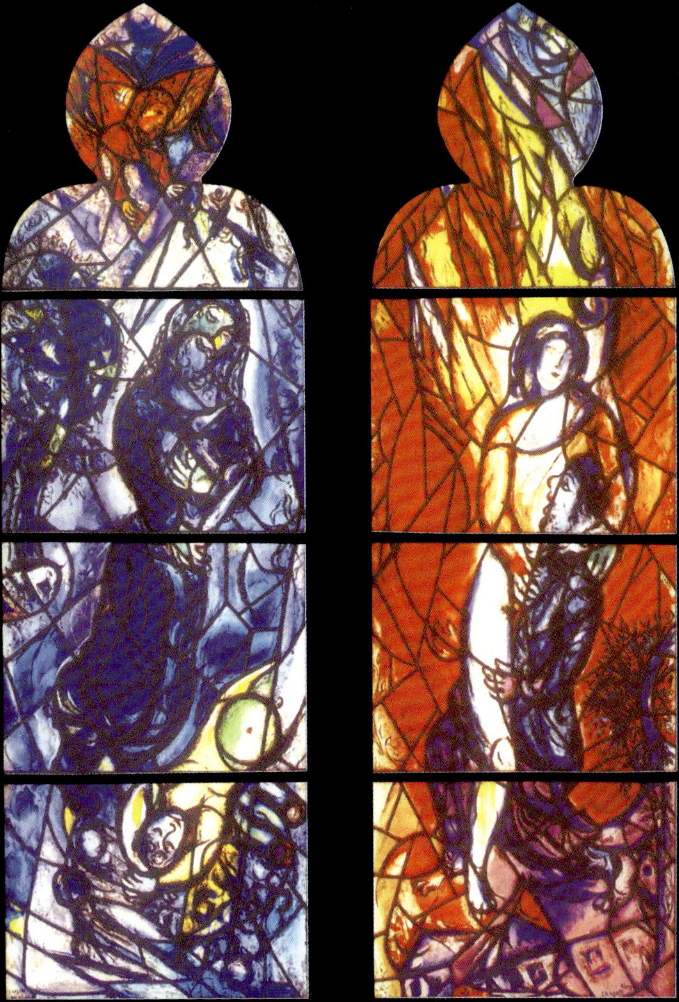

## 亚述，以一切宗教自由的名义

年届七十，夏加尔才发现玻璃制造技术所提供的制作彩绘玻璃系列画的种种可能性。这一早在中世纪初就已达到了极高水平的透光艺术，激发了画家的创作灵感。

他的第一件彩绘玻璃画是为亚述大慈悲圣母圣洗教堂（上萨瓦省，1957年）所作的。马里坦夫妇、布拉克、柯布西耶的一位朋友，多明我会的神父库蒂里埃尔，是法国宗教艺术孜孜不倦的创新者，他邀请夏加尔会同卢奥、莱热、布拉克、巴赞、吕尔萨、利普希茨和里希埃合作，为建筑师诺瓦利那设计的这座现代化教堂做艺术装饰。于

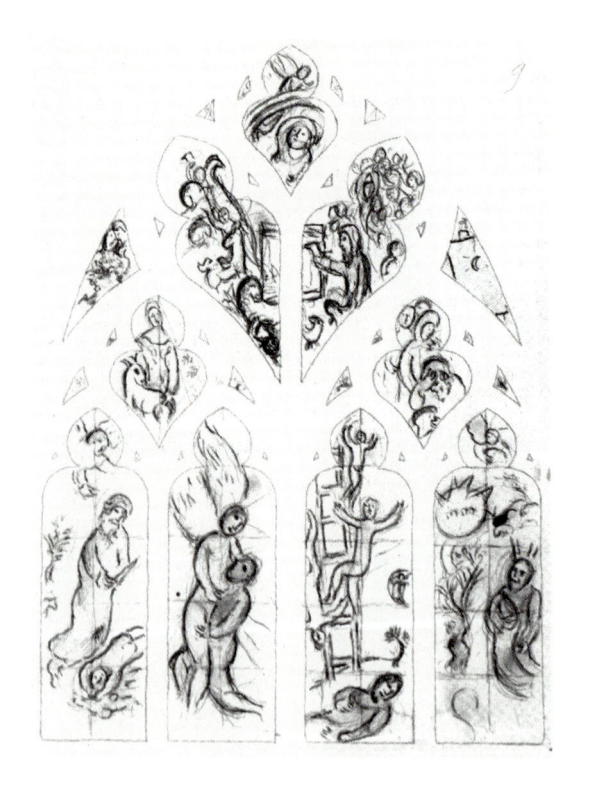

1958年，为梅斯大教堂北面半圆形后殿的第一扇窗画的草图（左图），名为《祖先：亚伯拉罕、雅各和摩西》。

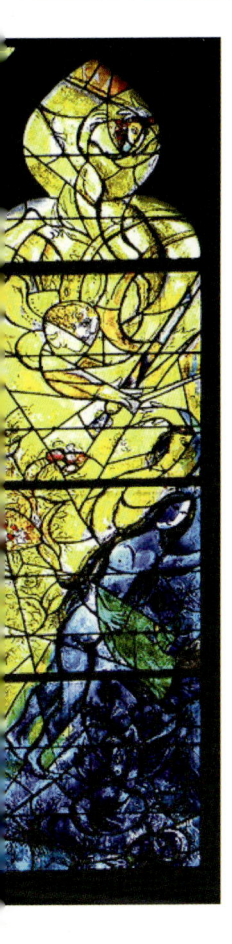

是夏加尔参考了他1951年参观查尔特勒大教堂时惊叹于大圆花窗而画下的速写习作。他为亚述教堂构思了一组装饰画，由两扇高大的、灰黑单色窗子组成。稿样用水墨绘成，复印在一块很长的陶瓷板上，画名为《渡红海》，并"以所有宗教自由的名义"捐出。另外，还创作了两块有关圣诗的浅浮雕大理石板。

这第一次经验意义重大，接着就创作出众多的作品。夏加尔创造出一种令人赞叹的总体构图，为一些渗透着人道精神的教堂作画。继梅斯的圣艾蒂安大教堂（1958年）之后，耶路撒冷哈达沙医疗中心的犹太教堂（1960年）标志着夏加尔彩绘玻璃艺术达到了顶峰。萨尔堡的科尔德利埃小教堂（1975年），梅依昂斯的圣艾蒂安教堂（1978年），以及最朴实的科雷兹的萨依昂小教堂（1982年），也都获得辉煌的成就。

## "彩绘玻璃画是我的心与世人的心之间一堵透明的墙"

夏加尔是在两位真诚的玻璃技艺大师，即夏尔·马克及其妻子布里吉特·西蒙的协助下踏上这条新的创作道路的。马克夫妻在兰斯领导着一家法国最古老和最有名望的彩绘玻璃制造工场。整整二十五年，他俩一直是其作品的最善解人意、

在宗教祭礼的许多地方，在建筑物的各个坐标点上都竖着四周镶嵌着铅条的窗洞，按照不同的时辰和季节闪烁着火焰般的光芒。这些都是根据画家的安排而制成的"如水彩画般"的大幅构图：梅斯大教堂的彩绘玻璃窗（中央为《夏娃与蛇》以及《亚当与夏娃被逐出伊甸园》，1964年）；根据《圣经信息》中的题材，为耶路撒冷哈达沙医疗中心的恩·卡莱姆犹太教堂的十二扇玻璃窗制作的一套彩绘玻璃画（上图：《雅各的第十个儿子拿弗他利》）。在这些基督教或犹太教的圣殿中，一种宏伟庄严的气氛与虔诚的信仰充盈在《圣经》的圣像画中，是超越人类之爱的明证。

玻璃窗的初稿。左图为《飞向烛台的天使》(1956年),用于亚述圣洗教堂;右图为萨尔堡小教堂的织物拼贴画初稿。

---

当我为《圣经》刻制铜版画时,我去了以色列,找到了灯具、黏土和创作用的材料。在梅斯有炼制我最初的彩绘玻璃用的矿石。在耶路撒冷(哈达沙)一切都是新鲜的。但在那里我佩戴着护身符。后来将收集到的东西堆积起来时,真像顶王冠。
——夏加尔

---

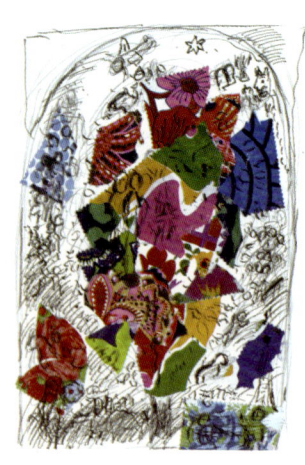

最忠诚专注的制作大师。夏尔·马克还为夏加尔发掘出了在镶嵌玻璃方面早已失传的中世纪的古老技法。用此法制造的玻璃具有最佳的散光性,既考虑到透明度和光阻的变化又兼顾到线条的力度与优美。

三十年里,夏加尔在法国、美国、以色列、英国、瑞士和德国用彩绘玻璃照亮了十五座特殊的宗教圣堂。《创世记》和《申命记》是他创作的渊源,就像《圣经信息》一样,通过哈达沙的《以色列十二个部族》或萨尔堡的《生命之树》,史无前例地礼赞了希望与宽恕两大主题。同时,夏加尔继续创作绘画与版画:巴黎歌剧院的天顶画(1964年),《魔笛》的布景和戏装(1965年),为泰里阿德的《马戏团》配套色石版画(1967年),为耶路撒冷的议会大厦制作织锦画(1969年),为芝加哥制作《四季》镶嵌壁画(1972年),为《圣诗》制作腐蚀铜版画(1980年)……尽管画家已年届生命的晚年,但精神上的追求依然占着优先地位。夏加尔重温《旧约》,他依旧在为彩绘玻璃的各种画稿收集贴纸和织物材料。每块彩

绘玻璃都应符合建筑、造型、宗教史和工艺制作的要求。为了达到永生，他的求索孜孜不倦。面对着上帝去领悟世界乃是他的伟大事业。

1985年3月28日，马克·夏加尔，20世纪艺术的最后巨擘、绘画的先知，在法国圣保罗·戴·旺斯平静地熄灭了生命之火，享年九十八岁，死后葬于该地。在夕阳的余晖中，他的智慧之光一直闪耀着他的全部光焰，直至永远。"如果我们无愧地说出爱这个字，那么生活和艺术中的每件事都可改变，……真正的艺术永驻于爱中。"

上图：《奥菲士》（1959年）。下图：夏加尔和他的外孙比埃·迈耶在圣保罗·戴·旺斯。

第116页：《堂吉诃德》（1974年）。

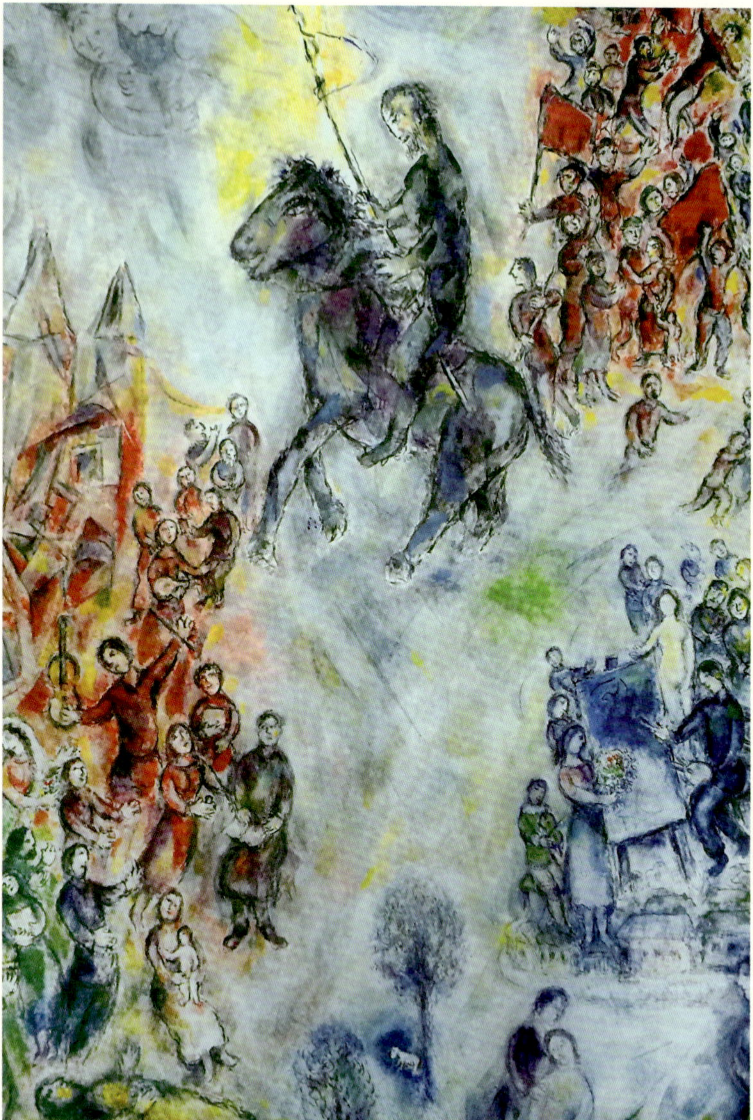

# 见证与文献

夏加尔熟悉泉水和雨水。

他与太阳平起平坐。

他什么都不拒绝。

显然,他画他关注的一切,

从烈焰中的飞马直至大眼睛的精灵。

他始终一成不变,无论是愉悦或是忧伤。

或者宁可说,他在经忧知穷的极度幸福中,

也依然故我。

——让·波朗,1957 年

# 贝拉与夏加尔

夏加尔在《我的一生》中，贝拉在《点燃之光——初遇》中，分别以各自的笔法，提到他们共同的犹太民族之根和彼此萌生的爱情。"她怎么生活，怎么爱，就怎么写……她的遣词造句像是画布上的一抹色彩。"夏加尔如是说。

## 《在桥上》

我们的桥，对我们来说是天堂。人们从顶棚低矮的、狭窄的房间里逃到桥上来望一眼天空。在拥挤不堪的小巷中，天空只剩下一条窄缝。

教堂，尖顶高耸。河水在桥下流淌。天水之间，空气显得很清新。

微风吹来阵阵花香。面前高高的河堤上展现出城市的大花园。白天，桥上人流来往不绝，从城市的一端走向另一端。人们把街道当作休闲场所。桥上，人们行色匆匆。水流和风儿引导着你。从桥板的间隙里漫起凉气，人们根本不想下到地面，走到石砌路上去。

傍晚，雾气凝结成一层灰蒙蒙的、薄薄的纱幕。桥的柱脚隐没在水中，于是，一切都变成了白茫茫的一片，木桥只呈现出它的轮廓。水流变得朦胧，由蓝色变为铁灰色。深沟，耕作过的田野上的垄沟纵贯其间。河水奔流，淙淙低语。有时，一个浪头涌来，河水响起低沉的隆隆声。我感到有伙人跟着我，但不见一人，也听不见任何动静。突然一顶帽子出现在我眼前。

"晚上好！是我啊！别害怕！"一只手在向我致意。

又是这个小伙子。他怎么看见我的？而我独自一人……我真想叫喊。可喊谁呢？我已发不出声音。桥似乎开始摇晃起来？我双腿在颤抖。他从哪儿冒出来的？他会认为是我在找他呢。

我像个罪犯，于是我不吱声了。

我干吗不能独自一人安安静静地待

贝拉和夏加尔在革命年代

在桥上呢？他跟踪我，到哪儿都窥视我。

"你怕什么呢？你在散步吗？我也一样。来吧，咱们一块儿走走！"

他跟我说话的样子，就像我们天天见面似的，大大方方，毫不羞涩。他的话音平静，自信。他的手软绵绵、热乎乎的，我已不感到陌生了。他不再嘲弄我……我瞅着他。帽子底下露出圈圈鬈发，蓬松地晃动着，好像要随风飘去。他那双眼睛直勾勾地注视着我的眼睛。我垂下目光。

"来吧，下到河岸边去散散步吧，挺美的！别怕。我熟悉这河岸。我就住在那儿！"

我向黑魆魆陡峭的河岸瞥了一眼。那里有他的家。在黑暗中，我在搜寻一线光亮，一处住人的地方。那边就是他的家……

我想我该回家了，但双腿不听使唤。他就是我的向导。我和他一起走着。他还不像我想象得那么古怪。他就在我身边，壮实得像个铁铸的庄稼汉。

我们从木桥高高的踏级上走下来，一头栽进了坑里。桥像悬在半空中。河水泛起的涟漪看上去像蛇身上的鳞片。四周低矮的房舍都沉入了梦乡。

他就住在那儿吗？他和他的妹妹都不会到桥上来散步。河水向他们那儿流去，流到他们的家门口。

也许正因为他住在这里，所以才不会站得直挺挺的？他随波漂流。

"咱们到那边去坐坐吧，那儿有砍倒的树干。"

在河岸上，他像在家里一样自在。他熟悉每一根圆木，甚至在黑暗中也看得见。我们撞上一堆又长又圆的木柴，一爬上去就滚了下来。

"你以为我们会掉到水里吗？"

对他来说，河流只是水做的桌布。他并不怕它。河水发出潺潺声。我沉默不语，自有河水替我说话。我真想鼓起勇气说，我并不害怕黑魆魆的河水，我也喜欢走夜路。……

这会儿，我家里怎么样啦？我出来已经很久了。商店都已关门。父母、兄弟都围桌而坐共进晚餐。

"贝拉哪儿去了？"妈妈向四周瞥了一眼问道。她咽下一口菜思忖着……她能想象此刻我正坐在这儿的树干上，坐在黑夜的河岸边上，甚至不是与同学们坐在一起！一个素不相识的年轻人坐在我身旁……妈妈咽不下任何东西，她

摇摇头，我似乎看到她泪眼模糊。她向我吼叫，跟我争吵。

一个浪头打来，在我的脚边碎成浪花。我身下的圆木滚动起来了，我差点儿摔倒。

"怎么啦？干吗不吱一声？人家叫你'沉默女王'，是真的吗？"

可我以为已把所有的事告诉他了呢！

## 《生日》

你记得有个夏夜我们坐在河岸上离桥不远处，四周花团锦簇。长椅就在陡峭堤岸最高处，下面，河水静静地沉入梦乡。脚边的花朵和灌木从高高的草丛中探出头来，草丛沿着斜坡在颤动。

长椅又窄又小，我们俯首望着河水。我们默默地坐着。干吗要说话呢？我们眺望着朝我们这边落下的夕阳。……"告诉我你多大了？你是哪年生的，记得吗？"我突然问道。

你瞅着我，好像我是从云端里掉下来的。

"你真想知道？我也常问自己。我父亲告诉我，为了让我弟弟大卫逃避兵役，他把我多报了两岁。我们可以欺骗一个官吏，但骗不了上帝。上帝会宽恕他的，只要大卫不去服兵役。"

"你到底是哪一年生的？"

"如果你真想知道，那咱们就算一算吧。我是老大。尼乌塔是姐妹中最大的。不久前吃晚饭时我听见我妈对我爸嚷嚷：

"'哈谢，你干吗不关心关心昂克呢？'我们都这样称呼尼乌塔。

"'什么事都得靠我。她还得等很久呢？上帝保佑，她快满十七岁了。到媒人家去一次，他就住在附近。'

"这么说，如果尼乌塔十七岁，那我最多十九岁。"

"你生日是哪一天？你知道吗？"

"干吗你什么都想知道？这样你会老得快……"

"不是什么都想知道，只想知道你是哪天生的。"

"谁知道呢！除了妈妈！可妈妈一定也忘了，这么多孩子。可是当妹妹们和我争吵时，她们冲着我说：'你啊，你真糊涂，塔慕次月生的……'"

要是星星听了你的故事，也会跟我们一起笑出声来的。

"你知道我在想什么？你会说我很傻。可能你父亲为你登记的那一年就是你出生的年份。也许你害怕往事重提，该有好几年了吧……"

"你真这么想？"

一丝阴影在你的眼眸中掠过。此时天空也变得昏暗了。

"你看不出我在开玩笑吗？"我勉强地笑了笑。

"你不生气吗？"

而我再也不记得最后是怎么知道你的生日的。

那天一清早我跑到市郊采花。记得我在采摘篱笆高处的蓝色花朵时擦伤了手。

一只狗叫了起来，我及时逃跑，但花朵没有扔掉。这些花朵多漂亮啊！我赶紧在田野里再摘些花，连草带根拔了起来，好让你闻闻泥土的芬芳。一回到家我收齐所有的彩色披巾和丝绸方巾，还动用了缀花边的丝绸床罩，然后在厨房里拿了蛋糕和炸鱼排，都是你喜欢吃的。我换上了过节穿的长裙，像头满载的驴子出门朝你家走去。别以为，提着这一大摞东西，很容易。……

店铺的老板娘们站在店门口呼吸新鲜空气，个个都认识我，知道我去哪儿。她们互相交换着眼色，说道：

"瞧，这疯姑娘，往哪儿跑啊，带着这么多东西？"

"噢，上帝保佑，怕是私奔去跟情人相会吧！现在的姑娘们，啥事情干不出来哟！"

幸亏你住在河的对岸，可以抄近路，跑过桥去，一踏上对岸，我就自由了。

河岸边一溜小房子，窗子都关着。主妇们怕见太阳，都在厨房里忙活，背对着河流。我终于松了口气。天空澄澈，河水清凉；河水在奔流，我也在奔跑。天空仿佛要抓我似的，越垂越低，笼住

我的双肩，推着我向前跑。

　　这年夏天，你有了属于你自己的房间。还记得吗？在离你父母家不远的地方，你向一位警察租了一间房子。白色的小房子，红色的百叶窗，恰似红边白底的军帽。房子坐落在街角上，那里有一道很长的围墙，围着一座大花园，中间有座教堂。

　　你准认为那位警察和那座神圣的教堂能使你免遭任何不测，对吗？

　　我们的城市，你或许也不会比这更惊讶。

　　"你是怎么知道的？"

　　于是我急忙卸下我的那些五颜六色的披巾包裹，把它们挂在墙上，我取出一块披巾摊在桌上，把床罩铺在你的小床上。

　　你就……你就转过身去，你在一堆画布中摸索着，你抽出一块画布，竖起了画架。

　　"别动，待在原地别动……"

　　我手中还握着花束。我不能站在原地。我想把花插到花瓶中，否则很快就会蔫掉的。可是，我马上把它们忘了。你俯身在画布上，画布在你手下颤抖。你用画笔蘸着颜料，于是红色、蓝色、白色、黑色飞溅起来了。你把我带进了色彩之流中。突然你猛一下把我拉离地面，你自己也单腿起跳，好像这房间太窄小似的。你腾空而起，伸展着四肢，向天花板冉冉飘浮起来。你后仰着头，把我的头也转过来……你耳鬓厮磨地向我低声细语……

　　我倾听着你那柔和庄重的嗓音，甚

至在你的目光中我也能听到这乐曲的旋律。渐渐地,咱俩联袂在点缀好的房间里飞升,我们终于飞起来了。我们真想穿窗而过:白云和蓝天在召唤着我们。挂着大小包裹的墙在我们周围旋转起来,使我们感到眩晕。遍野的鲜花、房舍、屋顶、小院子、教堂在我们的身下浮动……

"喜欢我的画吗?"你突然回到地面上,看着自己的画,也望着我。你从画架前往后退去,又向它逼近。

"还得画上好些东西吗?还是就这样?你说,哪些地方我还得加加工?"

你自言自语道。你在等我的回话,但你又怕听我的评语。

"噢!很好,你飞起来的样子很好……咱们把它叫《生日》吧。"

你的心平静下来了。

"你明天还来吗?我另外再画一幅……我们将飞起来……"

——贝拉·夏加尔《点燃之光》,
伽利玛出版社,1973年

## "我想当画家"

在美好的一天(但所有的日子都很美好),妈妈把面团放进炉子烘烤,我走到她跟前,她手中拿着铁铲,我从她沾着面粉的手上拿过铁铲,对她说:

"妈……我想当画家。到此为止,我不想再当小伙计或管账什么的。够了,我感到有事要发生了,我的感觉不会骗我的。

"你看,妈,我是个像别人一样的普通人吗?我有什么能耐?

"我想当画家。帮帮我吧,妈。你跟我来,走,走吧!城里有个地方,只要能接受我,而我能学完课程,我准会出人头地成为一个画家的。那该多幸福啊!"

"什么?当画家?你疯了。让我把面团放进炉子,别碍事。我得在这儿烤面包。"

"妈,我再也忍不住了,走吧!"

"让我静一静吧!"

最后,终于决定下来了。我们去找本先生。如果他认为我有能耐,我们可以考虑,如果不行……

(说什么我也要当画家,我私下思忖着,不过这仅是我的一厢情愿。)

事情明摆着,我的命运操在本先生手中,至少在一家之主妈妈的心目中是如此。我爸爸给我五卢布算是一个月的学费。但是他把卢布一个个滚到院子里,我得追出去捡。

当我在开往教堂广场的电车平台上看到"耶乌达·本美术学校"这块蓝底白字的招牌时,突感一阵眩晕,我终于发现了本先生。

"啊,"我想,"我们的维捷布斯克多么有文化教养啊!"

我决心马上认识校长。这牌子其实只是一块蓝色的铁皮广告牌,充其量就像店铺门上的店牌一样,随处可见。

实际上在我们的城市里,小张的名片、门上的小招牌,是没有任何意义,

谁也不会去注意的。"古莱维希糖果面包店""香烟店""水果和食品店""阿尔索维裁缝铺""巴黎时装店""耶乌达·本美术学校"……

这一切都称作商业。但是最后的这块牌子我觉得像来自另一个世界,它的颜色宛如蔚蓝色的天空。

这牌子颤悠悠地暴露在日晒雨淋中。

在卷好了我的那些破破烂烂的画稿后,我颤抖着身子十分激动地由妈妈陪着去耶乌达·本的画室。

我上楼梯时,闻到颜料和油画的气味已经有点陶醉了。四周摆满了肖像画,市长夫人的、市长本人的、M先生的、L女士的、K男爵的、男爵夫人的,还有很多其他人的。我哪能都认识呢!

画室里挂满了油画,从墙根一直到天花板。镶木地板上也堆放着一沓沓的画纸和一卷卷的画稿。只有顶上天花板是空着的,但上面结满了蜘蛛网。

这里那里都放着希腊的石膏头像,胳膊、大腿,各种装饰物,白色的摆件,都蒙上了一层灰。

我本能地感到这位画家的路子并不是我要走的,但我不知道是哪种路子。我没有时间去细想。

生动逼真的人物形象使我感到惊讶,都是怎么画出来的呢?

在上楼梯时,我摸了摸我的鼻子和面颊。

老师不在家。

我对妈妈生平第一次进画室时的感受和表情无话可说。她环视四周,朝那些油画看了几眼。她突然朝我转过身来,几乎用一种哀求的,然而是毫不含糊的声调对我说:"儿子啊,喏,你看得一清二楚,你永远干不了这码子事。咱们回家吧。"

夏加尔，约1910年

"等等，妈！"……

正在这当口，尊敬的主人出现了。

如果我没有向你们描述他的模样，那是因为我没有那种能耐。

说他个子矮小，倒不算什么，反而让他看起来平易近人。

他上装的下摆斜搭在大腿上，上下左右摇晃着，怀表的链条也一起跟着晃动。

尖尖的金色山羊胡子颤抖着，时显忧郁，时显恭敬。

我们迎了上去。他漫不经心地向我们打招呼（只有向市长和阔佬们才用那种毕恭毕敬的态度）。

"有何贵干？"

"喏，我，我不晓得怎么说才好……他想当画家……他疯了！请您瞧瞧他的这些画……如果他有这份能耐，那还值得来上课，如果不行……咱们回家去吧，我的儿子。"

本先生连眼睛都不眨一眨！（市侩，我心想，哪怕眨上一眼哩！）

他机械地翻看着我的《尼瓦》画稿，嘟哝道："是啊……他有点天赋……"

啊，你啊……这回可轮到我嘀咕了。

说实在的，是好是坏，我妈一点儿也不懂，可对于我，这就够了。

总之，我收下了父亲的五卢布并在维捷布斯克的本美术学校学了两个月。……

### "在巴黎，我仿佛发现了一切……"

巴黎与我出生的城市相距十万八千里，只有这种距离才遏止了我立即或至少在来到巴黎一星期（或一个月后）返回家乡的渴望。我甚至想捏造出不管什么样的假期来，好借口回家。

是罗浮宫才中止了我的这些犹豫不决的心情。

只有在维罗纳圆厅和马奈、德拉克洛瓦、库尔贝展厅里转悠时，我才别无所求。

在我的想象中，俄罗斯恰似一个悬于降落伞上的纸片，那椭圆形的梨状的气球悬浮在空中，随着岁月的流逝，渐渐地冷却、沉降。

俄罗斯艺术在我的心目中就是这种模样，换言之，我再也不知道还有什么别的样子。

事实上，每当我想到或谈论起俄罗斯艺术时，我感受到的总是同一种充满着辛酸和怨怼的情绪。

好像俄罗斯艺术注定要被西方牵着鼻子走似的。

如果俄罗斯画家注定要当西方画家的学生，我以为，他们出于其本性，也是相当不忠诚的学生。俄罗斯最优秀的现实主义作品震撼了库尔贝的现实主义。

俄罗斯最真实的印象派作品如果与莫奈和毕加索相比较的话，也足以令人困惑不已。

在这里，在罗浮宫中，面对着马奈、米叶和其他一些画家的油画作品，我顿悟了为什么我与俄罗斯及其艺术不能紧密地联系在一起；为什么我的语言与它们格格不入；为什么人们不信任我；为什么艺术家们不承认我。

为什么我在俄罗斯被看作是一种歪门邪道呢？为什么我创作的一切，他们感到怪诞，而他们呢，他们所创作的一切，我感到多余呢？到底是什么原因啊？

我再也无话可说了。

我爱俄罗斯。

在巴黎，我仿佛发现了一切，尤其是美术这一行。到处都让我确信这一点，不论是美术馆还是沙龙。

也许在我的灵魂中，东方误入了歧途，或者甚至可以说，"一朝被蛇咬，十年怕井绳"。

我并非在这唯一的行当中探索艺术的意义。

这恰如诸神站在我的面前一样。

我不想再思考大卫和安格尔的新古典主义、德拉克洛瓦的浪漫主义、塞尚和立体派追随者早期的构图。

我的印象是我们还只是浮在题材的表面，我们怕潜入混沌的深处，怕把习以为常的表面现象打碎和打翻在我们的脚下。

我到达的第二天就去了"独立画家"的沙龙。我的陪同者提醒我，不可能在一天时间内看遍整个沙龙。譬如说他来说，每次他来参观，出来时总是累得精疲力竭。我内心很同情他，并决心按照自己的方式行事。我跑着穿过所有前厅，就好像被洪水冲着跑似的，接着我就冲向中央展厅。

这样，我就保持了我的体力。

我深入到1910年法国绘画的核心部分，在那儿被吸引住了。

我在参观巴黎的各种画展、浏览玻璃橱窗和参观博物馆时，仔细咀嚼品味所发现的一切，是没有哪一所美术学校能教给我的。

从菜市场（由于经济拮据，我经常只能在那儿买一条长黄瓜来充饥）开始，菜市场的一个穿蓝工装的工人，这些立体派最热忱的信奉者们，一切都显示对尺度和清晰有着明确的趣味，对形式有着精确的感觉，甚至比二流画家的油画更为精彩。

我也不知道有谁能对1914年前的法国与其他国家的绘画间几乎无法克服的差别，形成一种比我更清楚的理念；我觉得，在国外，人们很少有这种猜度，而我则一直在不断思索着。

问题不在于个人或民族的禀赋高低，还涉及另外一些力量，尤其是身心方面的力量，这些力量决定了有人喜欢音乐，有人喜欢绘画，有人喜欢文学，有人喜欢睡觉。

在迈纳胡同的画室里住了一段时光后，我搬到更能和我的经济实力相称的"蜂巢"去了。我们为建于沃吉拉屠宰场附近、四周有个小花园的上百间画室取了这个名。在这些画室里住着一些来自各国的、放荡不羁的艺术家们。

当俄国人的画室里有个模特因受辱而哭泣时，意大利人的房间里响起了高昂的歌声和吉他的弹奏声，而在犹太人那儿正进行着争论，我则独自一人待在画室里，面对着我的那盏煤油灯。画室里摆满了画布和油画，其实这些都不能算是画布，而更应该说是我的桌布、床单和我的已撕成碎布片的睡衣。

凌晨两三点钟，天空泛蓝。黎明来临。远处，人们在屠宰牲口，奶牛在哞叫，而我在画它们。

我已这样熬了好几夜。我的画室已经一星期没有打扫了。画框、蛋壳、两个苏一罐菜汤的空罐头被乱扔一气。我的煤油灯点燃着，我陪着孤灯。煤油灯点燃着，直到它的光焰融合在黎明幽蓝的曙色中。

这时我才爬进阁楼。我本应下楼到街上去赊买几只热乎乎的羊角面包，但我上去睡了。过了一会儿，清洁妇来了。我不知道她来是替我打扫画室（一定要打扫吗？至少别动我的桌子！），还是要上楼来跟我厮混。

搁板上，在格列科和塞尚的画的复制品旁，还剩下一条鲱鱼，我把它切成两段，鱼头今天吃，鱼尾留到明天吃。噢，感谢上帝，还有些面包皮。……

## "无论是帝俄还是苏俄都不需要我"

教育人民委员部聘请我以教师的身份到马拉科夫卡和第三国际政治教养院为孩子们上绘画课。

这些教养院总共收养五十几名儿童，全都是孤儿。授课的老师们都十分谨慎小心，他们想实施最新的教学体制。

这些孩子是最不幸的孤儿。不久前，他们全都被匪徒们的皮鞭一下子赶到了街头，被杀死他们父母的闪闪发光的匕首吓掉了魂。子弹的呼啸声和玻璃的碎裂声震得他们的耳朵快要聋了。至今，他们的耳际依旧回响着他们父母的哀求声；他们目睹匪徒们拔掉父亲的胡子，眼瞅着他们的姐妹被匪徒们强暴后开膛剖肚。

他们衣衫褴褛、饥寒交迫、瑟瑟发抖，在城镇中游荡。他们抓住火车的踏脚板悬着身子随车而去，一直到最后被收留进孤儿避难所为止——这仅是千百万儿童中的一部分啊！

现在他们就在我的面前。

他们分散地住在农村的几所破房子里，只有到上课时才聚集在一起。

冬天他们的小房子都埋在雪中，寒风扬起雪花，盘旋着，在烟囱里呜呜作响。

孩子们自己料理自己，轮流做饭，烘烤面包，砍伐和搬运取暖用的木柴，洗晒、缝补衣服。

他们学大人样，参加会议，商议事情，互相评议，甚至评议他们的老师。他们还挥着手笑眯眯地合唱《国际歌》。

我为这些不幸的小孩子们上绘画课。

他们光着脚丫子，穿着单薄的衣服，一个声音盖过一个声音地叫喊着，于是从四面八方响起了："夏加尔同志……"

只有他们的眼睛不愿意或无法流露出笑意。

我疼爱他们。他们学着画画。他们扑过去抓颜料就像野兽抓肉食一样猴急。

有一个男孩对绘画创作痴迷得发狂，他会作曲还能配词。

另一个像位工程师，安安静静地构思着他的艺术作品。

有些孩子则潜心于抽象艺术，尽量向意大利画家契马布埃的画风靠拢以及迷恋于教堂的彩绘玻璃画。

我久久地醉心于他们的图画以及他们极具灵性的艺术探索，一直到我离开他们为止。

你们已成为怎样的人了，我亲爱的小朋友们？

每当我回忆起他们时，我就感到揪心般地难受。

为使我更靠近马拉科夫卡教养院，教育人民委员部给我分配了一幢空闲的小木屋，顶上还有一间可住人的屋顶间。

我唯一的铁床又窄又小，以致早晨醒来遍体磕碰得青一块紫一块的。

偶然发现了一只搁凳，让我得以把床加大些。

这幢木屋还保留着已逃跑主人的气味，空气中依旧散发出传染病的气味。药瓶药罐散落一地，残留着家畜的粪便等污秽物。

夏季和冬季，窗户都敞开着。楼下公用厨房里，一个嘻嘻哈哈的农妇张罗着照料我们的生活。……

在教育人民委员部的前厅里，我耐着性子等候着，盼着办公厅主任能发发慈悲接见我。如果可能的话，我希望当局结清我为剧院（莫斯科犹太艺术剧院）所作壁画的稿酬。

即使不是按"一级"稿酬标准支

付——比我灵活的艺术家们是很容易得到的——至少也应支付给我最低的稿酬金额。

但主任笑了笑。

"是啊，是啊，"他吞吞吐吐地说道，"你是明白的，工程预算，各级领导签名，盖章……还要卢那察尔斯基审批。你明天再来吧。"

这事一拖就是两年。

后来……我得了肺炎。格拉诺夫斯基也只能苦笑。

我还有什么办法呢？

上帝啊！既然你给了我这份天赋，至少大家都这么认为，那你为什么不给我一副威严的外表，好让大家都尊敬我，怕我呢？如果我长得，比方说，大腹便便，身材高大魁梧，阔头方额，那就会让人感到敬畏，就像这世道中常见的那样。

但我的面相长得太和善了，我也没有那种铿锵的嗓音。

我陷于绝望中。

我踯躅在莫斯科街头，沿克里姆林宫走着，朝宽阔的大门里偷偷张望。

托洛茨基正从汽车上下来。他身材高大，鼻子蓝里透红，迈着沉重而坚定的步子，一脚跨过门槛，朝克里姆林宫他的寓所走去。

我脑子里闪过一个念头："如果我去拜访诗人杰米安·贝德尼？他也住在克里姆林宫，在战时我曾与他在军事委员会相识，而且共过事。"

我去求他和卢那察尔斯基的保护，让我回巴黎去。

我当老师和主任当够了。

我想画我的油画。

我战前的那些油画全都留在柏林和巴黎，画室里堆满了草图和未完工作品，正等着我回去哩。

我的挚友，诗人鲁宾纳，从德国来信对我说：

"你还活着？大家都以为你在战争中牺牲了。你知道吗？在这儿你可出名啦！你的油画开创了表现主义的先河。卖得可贵了！别去计较瓦尔登欠你的那笔钱了，他不会还你的，因为他坚持认为，目前你的荣誉够多了。"

糟透了！

我更怀念我的双亲，想起了伦勃朗，想起塞尚、我的祖父、我的妻子。

如果我能去荷兰、意大利南部、法国的普罗旺斯，并脱去我这身衣服，我就会说："亲爱的朋友们，你们看见了，我又回到你们这儿来啦。可待在这里我感到忧伤。我唯一希望的是作画和有所作为。"

无论是帝俄还是苏俄都不需要我。我不为他们所理解，形同陌路。

我坚信伦勃朗是爱我的。

——马克·夏加尔《我的一生》，
贝拉·夏加尔译自俄文，斯托克出版社，
1931 年

# 诗歌中的夏加尔

充满诗情画意的夏加尔善于用多样的色彩,从羽笔和画笔的笔端流泻出诗的意蕴。诗人们最先向他致敬:他的好伙伴桑德拉尔,玄奥而专断的阿波利奈尔,编纂超现实派诗歌集的艾吕雅,酷爱奢华的宗教仪式的弗雷诺,都曾写诗歌颂他……

## 《像个蛮人》(1930—1935 年)

那儿挤满卑陋的房舍,
那儿有条路通向高处的墓地,
那儿有条大河在流淌,
那儿我曾有过生活的梦想。

黑夜,一个天使在天空翱翔,
犹如画布上的一道白光。
它向我昭示一条漫长的道路,
它将把我的名字射向千家万户之上。
我的人民啊,我曾为你歌唱,
可有谁知道你是否喜欢这歌声嘹亮,

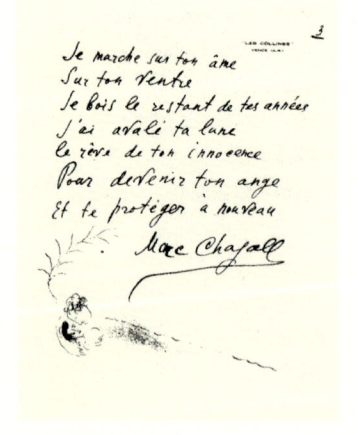

一个声音出自我的肺腑，
嗓音里渗透着疲惫与忧伤。
我在临摹你啊，
鲜花、森林、人群和房屋。
就像个蛮人，我为你勾勒花脸，
不管白天、黑夜我都为你祝福。

——马克·夏加尔《诗歌集》，
编者克拉迈，日内瓦，1975年

## 《我的唯一》（1945—1950年）

我的唯一，
故园在我心中。
不用护照，我就可入境，
恰似回家一般。
它看到我的忧伤
和我的孤寂；
它催我入眠
并用芬芳的墓板将我覆盖。
我心中的花园群芳吐艳，
但我的花朵是虚妄的杜撰。
街道虽然依旧故我，
但那里已没有房舍，
从童年起已被摧毁得荡然无存。
乡亲们浪迹天涯，
寻找着栖身的一隅。
他们就居住在我的心中。
这就是当我的太阳刚闪出光芒时，
我就微笑的原因。
或者就像黑夜中的细雨，
我凄惶地哭泣。
我一度曾长着两颗脑袋，

我一度曾有过两张面孔，
都沾满了爱的露水，
并溶入了玫瑰的芬芳。
而今，我似乎感到：
甚至在我后退之时，
我依旧在向前行走，
走向一排高高的栏栅；
而在栏栅的后面，
展现出一片墙垣，
那里沉睡着沉寂的雷鸣，
和破碎的闪电。
我的唯一，
故园在我心中。

——马克·夏加尔，出处同前

## 《罗特索热——献给画家夏加尔》

你那绯红的脸仿佛双翼飞机
转变成水上飞机
你那圆圆的房子里

有条熏鲱鱼在游弋
我需要一把开启眼睑的钥匙
幸亏我们看到了巴那多先生
于是我们安安静静地待在一旁
你想要什么　我的老 D 先生
90 还是 324　一个神情像小牛犊的男人
斜睨着
他母亲的肚子
我在路上已寻找了多时
路边有多少只眼睛闭着
柳树在迎风哭泣
睁眼吧　睁眼吧　睁眼吧　睁眼吧
你倒是睁眼瞧瞧呀
老头在脚盆里洗脚
有次我听说阿希比约特更讨人欢喜
于是我回忆起我们的童年
就泪眼汪汪
可你却向我出示一把
会发出可怕声调的古小提琴
这小幅油画上有辆小轿车
它使我想起了白天
由淡紫黄、淡紫蓝、淡紫绿和淡紫红色块绘成的白天
在色块中我牵着一条母狗
扛着一根迷人的烟囱走向农村
我曾有过一支芦笛，但我不愿意用它来
换取法国元帅的权杖
现在我两手空空　不再拥有小芦笛
那烟囱也远离我
正在抽着俄罗斯香烟

母狗正冲着丁香花和燃尽的蜡烛在吠叫
花瓣散落在衣裙上
两只金戒指失落在便鞋旁
在阳光下闪闪发光
而你的头发
恰如有轨电车
穿过点缀着五光十色火光的欧罗巴

——纪尧姆·阿波利奈尔

## 《肖像》

他睡着了
他醒来了
突然他作画了
他选取了一座教堂
于是就画教堂
他选取了一头奶牛
于是就画奶牛
他画一条沙丁鱼
画几颗脑袋，几只手，几把刀
他画一条牛筋
他画一座犹太小市镇里所有肮脏的激情
以及俄罗斯某个省份里极度的性欲
对于没有性欲的法国
他画大腿
他屁股上长着眼睛
瞬间就画出你的肖像
这是你，读者
这是我
这是他

这是他的未婚妻
这是街角的杂货铺
这是养牛妇
顺从听话的老婆
这里发生了血栓
人们在替新生婴儿擦洗身子
疯狂的天国
现代派的嘴脸
螺旋形的高塔
一些手
基督
基督就是他
他在十字架上度过童年
他每天自杀
突然他不再作画
他曾醒来
现在又睡着了
他用领带自勒过
夏加尔对自己竟然还活着感到惊奇

——布莱斯·桑德拉尔
《十九首轻松诗》，1913年

## 《画室》

蜂巢
楼梯、大门、楼梯
于是他的门像报纸般地打开
上面插满了名片
随后门关上
杂乱无章，主人完全生活在杂乱无章中
莱热的照片，但不见多宾的留影
在背后
在背后是一堆狂放不羁的作品
速写、素描，全是狂放不羁的作品
还有油画……
空酒瓶
"我们保证我们的番茄汁口味绝对纯正"
标签上这样写着
窗子是一本年历
当闪电犹如巨型塔吊
轰隆隆地卸空天上的驳船
掀翻装着雷鸣的大箩筐
一片混乱
自比基督的几个哥萨克
一轮解体的太阳
一片屋顶
几头梦游的山羊
一个变狼妄想症患者
彼得罗斯·波莱尔
疯狂的冬天
一位像成熟的桃子一样开裂的天才
西班牙诗人劳特阿蒙
夏加尔
可怜的小伙子挨着我的妻子
贪恋不舍的愉悦
断了跟的鞋子
一只装满巧克力的旧铁锅
一盏拆开的油灯
当我造访他时，我感到一阵眩晕
一些空酒瓶，几瓶酒
齐娜
（我们曾经谈论过她）

夏加尔
夏加尔
站在光的阶梯上

——布莱斯·桑德拉尔，出处同前

## 《致夏加尔》

驴子或奶牛，公鸡或马
直到小提琴的皮肤
唱歌的男人，唯一的小鸟
敏捷的舞者，携同他的夫人
一对情侣陶醉于春光中
金黄色的草，铅灰色的天空
中间隔着蓝色火焰
健康的露水
将血液染红，心儿在悸动
一对情侣，最初的反射
在积雪的地下
滚浆的葡萄，勾画出一张脸
上面的嘴唇像一轮
夜里永不入眠的弯月

——保罗·艾吕雅

## 《夏加尔之歌》

如果动物对天使怀有善意
红色小公鸡将展翅高飞
公羊清脆的笑声
通过挂钟传到耳中
当赤裸的云彩
从房屋那边再次升起
把我们连同未婚妻一起带走

我们就上路，而我们的心
就开始在绿色的和紫罗兰的色彩中悸动
别担心，这不是去赌博
如果我的脑袋不在那儿
那它就在该在的地方滞留
这脑袋将会下来和我们会合
也许它就在上面
紧挨着排成长条的鱼儿
别害怕，我和未婚妻待在一起
我现在身不由己也没有关系
我要搜遍乡村
为了带回怀孕的牲口
安置在那全是柔顺纯种牲口的马厩
在众人的心目中
魔鬼的慈悲
是靠牺牲春天的贞操来招摇
当我让他做个大转轮时
宇宙就略微开启
孔雀千百次地眨眼
我要呈现这疯狂的空间
为的是提升令人企盼的神圣之美

——安德烈·弗雷诺

## "不是梦幻,而是生活"

夏加尔曾多次谈到自己的灵感来源。

1958年2月在芝加哥的一次集会上(会议记录未曾发表过),针对听众提出的许多问题,他明确地表示了自己的信念。

---

我并不选择,是生活本身为我选择了这种自然技法。

您赋予线条和色彩以何种重要意义?追求何种目的?

我不知道。

模仿别的画家吗?模仿时夏加尔在追求什么?

我追求的是:反映生活意义的作品。

您有时会去画昙花一现的梦幻吗?或者说制作、构思某种幻觉?您是否也重构某些梦幻呢?

不是梦幻,而是生活。

您相信工作还是相信灵感呢?

从我们降临人世那一刻起,我们一直是现在这个样子。

在您的作品中超现实主义的成分占多大的比重?您是否已经完全摆脱了它的影响?

我从1908年开始搞所谓超现实主义,但超现实主义是从1925年开始出现的,就像国际机械工程师协会一样。

在您的画中,构图占主要地位吗?

在画中,一切都应很重要。

**您的梦幻在油画创作中是举足轻重的吗?**

我没有梦幻。

**面对某一景物,您对光线还是对线条更敏感?**

面对某个景物,我都很感动;但面对人和生活事件我也会很感动。

**有个知识分子问我:艺术与生活之间是什么关系?**

当然,我不能对当前生活和当前文化中涌现出来的诸多事物都感到高兴。在这里恕不一一列举报纸上的所有问题……如果我是个社会学家,我也许会从物质动机来阐明它们的状态。有时人们会忧伤地封闭自己,视而不见,听而不闻。于是人们会想到某个躺在沙滩上的预言家,听他为自己,以及愿意听他讲的过路人,预言未来。

**他还问我,自然科学是否教我某些对我的艺术有用的东西。**

归根结蒂,艺术不是某种具有科学意识的东西。一个艺术家没有本能,就如同钟摆。

**还有,宗教信仰对一个艺术家真的不可或缺吗?**

一般来说,艺术是一种宗教行为,但艺术神圣之处在于超越功利:荣誉或者其他的物质利益。

我们无法确切地知道,契马布埃、乔托、马萨契乔、伦勃朗是怎样的人,可是生活中非常幸福的时刻,就是我们面对他们的作品时会激动得流泪。

在我的心目中,华托即使画花卉、情侣和灌木丛,但他仍是教徒。如果他的画被放进某一座宗教殿堂,而不是被放进罗浮宫,人们会更加感动。

这十年中我作了许多画。我高兴地看到几本书出版了,其中有插图版《圣经》。

我选择了绘画:它对于我犹如一日三餐那样必不可少。我觉得绘画就像一扇窗,穿过这扇窗我飞向了另一个世界。说到这里,请各位原谅我又提起了《圣经》中患口吃症的摩西的形象,但上帝一直在后面盯着他,促使他去完成他的使命。同样,我们大家,尽管我们也口吃,也有人跟随着我们,促使我们去完成我们的使命。

我又看到童年居住的那幢简陋房子,在那里,我仿佛觉得在门上和天空中,也有一丛熠熠生辉的灌木,直到夜晚才消失。但我只是在父母家。我的周围,充满着家里的嘈杂声、父母的操劳和我孤独的生活,我为劳累的父亲感到心疼:他千辛万苦抚养九个孩子。我转头看他那劳动者布满老茧和皱纹的双手,还有他那疲惫呆滞的眼神。这一切都像魔影似的困扰着我,于是我离家去闯另一条路,也许与父亲的是同一条路,我父亲瞅着我的图画,心想这是一垛绵延不绝之墙。

从此,我到处漫游,见识了许多国家。我走遍天涯海角去寻求色彩和光明。我专注于体察某些理念和梦幻。在这条路上我一再碰壁,我经历过战争与革命,以及随之发生的一切……但我也遇到一些少有的好人:他们的创作及魅力,与他们的接触常常给我以快慰并坚定我的信念。

随着年龄的增长,我更清晰、更确切地感受到人生道路上相对的公正,以及我们不是用自己的鲜血和灵魂换来的、缺乏爱的一切荒谬可笑的事物。

在生活和艺术中,一切都会变的,当我们毫无顾忌地说出"爱"——这个确实被浪漫主义包装起来的字时,一切都会转化的。但是目前我们没有别的词可以表达。在这个词中包含着真正的艺术:这就是我的技艺、我的宗教,来自远古时代又新又老的宗教。

# 画家和《圣经》

> 对于夏加尔，我们也许只要拥有他画的《圣经》就足矣，我们不仅可以把他看作一位伟大的现代艺术家，也可以把他看作在艺术对圣书的内容和精神看似如此封闭的时代的一个特异分子。
>
> ——迈耶·夏皮罗《激情》，1956 年

## "我感受到对所有人的这种爱"

从青少年时代起，我就迷恋《圣经》。我始终觉得这是一切时代诗歌的最伟大的源泉。从那时起我就在生活和艺术中反映《圣经》，《圣经》就是自然的回响，而我试图传播这种奥秘。

随着我能力的提高和人生历程的推移，尽管我有时会觉得自己完全变成了另一个人，人们也许会说我降生于天地之间，而世界在我的心目中恰似一片浩瀚的沙漠，我的灵魂犹如一把火炬在那儿游荡，我还是作了这些把这遥远的梦幻糅合起来的画。我愿意把我的画留存在这座美术馆中，让人们试着去寻求某种宁静，精神上的某种灵修，以及宗教的虔诚和生命的意义。

在我的思想中，这些画不仅代表着一个民族的，而且代表着全人类的梦想。它们是我结识法国出版商沃拉尔和我漫游东方的成果。我想把它们留在法国，我的第二故乡。

诠释这些画并不是我的责任，艺术作品应由作品本身来表述。

我们经常谈论风格，以何种形式、何种流派来敷色。但色彩乃是天生的禀赋，它既不取决于风格，也不取决于敷色的形式，更不取决于运笔的技巧。它超越于一切流派之上。所有的流派中只有具有天赋色彩的少数流派留驻画史……意念则被人遗忘。

绘画、色彩，它们是否是爱的感召呢？绘画不仅仅是内在自我的反射，

1950 年在奥热瓦尔，夏加尔与库蒂里埃尔神父和雅克·马里坦的合影

《亚伯拉罕遵照上帝的命令准备杀死自己的儿子》,《圣经》第十幅铜版画

也是超越技巧的表现。所以技法不算什么。色彩与线条蕴含着性格和想传达的信息。

如果一切生命都不可避免地走向死亡,那我们应在有生之年用爱和希望的色彩来描绘人生。在这种爱中包含了生命的社会逻辑和每一宗教的本质。

就我而言,在艺术和生活中力求尽善尽美乃是来自《圣经》这一源泉。在艺术和生活中,没有这种精神力量,只有逻辑与结构的机制是不会有成果的。

也许青年人和老年人来美术馆想寻求一种理想的爱情和博爱,这正是我的色彩与线条梦寐以求的。

在这里,人们也许会说出我对一切人所感到的那种爱的言语,在这里再也不会有仇敌,像母亲怀着爱和经受着阵痛那样生下她的婴儿,因此青年人和老年人将用一种崭新的色彩构筑爱的世界。

所有的人,不管其宗教信仰如何,都会去那儿,并说出自己的梦想,远离恶意和煽动。

我也希望世人在这里展出他们的艺术作品和反映各国人民崇高精神的文献,但愿人们能听到他们心授的音乐和诗歌。

这个梦想可能实现吗?

须知在艺术中,如同在生活中一样,一切都是可能的,只要爱是它们的基石。

——马克·夏加尔
《马克·夏加尔和瓦莲京娜·夏加尔的捐献词》,
国立马克·夏加尔《圣经信息》美术馆,
尼斯,1973年

## 献给一个基督徒的《圣经》诗篇

如果我似乎在某种意义上怂恿一种可以说是不管其本质的宗教艺术,那我会感到自责。然而艺术却是如此,至少就其未被明确表述的启示而言。我自恃能注意到,正是因为他在这方面既无所求索,亦无所希冀,夏加尔创作的插图版《圣经》中的造型世界,这如此深刻、如此痛苦且又尚未得到解救的人世,才恰如在神圣之夜中摸索,不自觉地证实了以色列伟大的抒情艺术的形象价值。这个世界越是犹太人的,越是纠缠在三位族长——代表三位圣哲的形象——艰涩难解的思辨中,我就越分辨不清是

哪一种福音的召唤在那里发出低沉的回响……

——雅克·马里坦刊载于《艺术笔记》，114期，巴黎，1934年

## 希望之乡的画家

……如果把夏加尔的创作看作是在刻意追求荒诞奇特，那将是一种极大的误解。如果这些作品有惊人之处，那按照超现实主义绘画的法则，它们绝不是在愚弄人和误导人。在这里，没有傲然不解的哑谜，没有斯芬克司——那只恶意地要求我们立即回答，却又无法回答的怪兽……没有隐藏在美妙幌子下的暴行，什么也没有，只有一个声音……例如，钉在十字架上的耶稣躺在一个挂钟上，一条有思想的大鱼把挂钟带上广袤的天空。在他那些无意识的、专注而颇难理解的众多画谜中，他一幅也不加以推荐，然而有些人却对之欣喜若狂。在放满水果、鲜花和枝形烛台的桌子那边，有一尊似乎供人祈求保佑的肖像，但这肖像并不一定给人以一种暧昧的和悲喜交加的神秘感，总之，这种神秘感是陌生的，然而却为世人所熟悉的。……

我似乎觉得夏加尔采用的是有点像《圣经·创世纪》中的叙事方式，按本质安排一件件事物，一个挨一个，将其排列在时间里——就这样他把它们聚拢来，并用爱的话语总括一句："神看着是好的。"

夏加尔不是一位来自犹太人聚居区的画家，而是来自希望之乡——而且是已被分割的希望之乡的画家。在他的身上，像多愁善感的人有着错综复杂的快乐感一样，也有着互相渗透着的秩序，从无边无际到无终无极，从地球到天体，从记忆到想象。上帝投身于天使与凡人的旋涡中，凡人携带着小提琴，穿着厚呢上衣，戴着鸭舌帽。他就像圣方济各的教规所能塑造的那种形象站在我们身旁。这是留着长胡须的基督，像个庄稼汉，又像个乡村乐师或城镇中的流民。而浩瀚的苍穹就像一条大胳膊高举在众生的头顶上，合围成一个大圆圈。……

在诸神沉默不语的世界里，夏加尔继续把他的艺术变成一种虔诚的行为，但这种虔诚丝毫不是基于某种思乡之情，它是向活人致敬，向"来自异域之光"致敬。这种光穿透、照亮着活人的心，人们是不能把这种光和活人分开的。我认为，我们正是有着这种信任才欢迎他的画。企图诠释他的作品，给它们归纳出某种逻辑的条理，最终将无法同时理解其艺术作品的特殊性及其卓越含义。应该按照画面的意思去解读夏加尔的作品，就像我们小时候读有益的儿童读物一样，不是为了探究其奥秘，而是一页一页地翻阅浏览。这种绘画乃是寓言中，在远古的天宇下，人的那种变幻不定的身影，而这种寓言要求有一种反复循环的铺展、一种不断重复的抒情、一种礼拜仪式。因此，我们似又梦见了夏加尔在砌造好了的墙面上刚作完壁画时的那

《对着撒拉哭泣的亚伯拉罕》,《圣经》第十一幅铜版画

番情景。毫无疑问,这不是他在一位论教派的书信中所提到的那座宏伟的主教座堂,因为它已傲然而稳固地耸立在市镇的尘嚣之上,再恰当不过地应和着尘世间对期盼的这些告诫,而是那些建造在山坡上如项链般连绵不断的白色小教堂,恰如东方的修道院,白垩质的山路在空间中缓缓地、分散地向它们迤逦伸展而去,以趋迎虔诚的信徒、预言家和乞求者们的足迹。

——克罗德·埃斯泰邦《镜中世界》,182 期,
出版商麦埃特,1969 年 12 月

# 不朽的夏加尔

受圣灵感召的夏加尔,也是受西方彩绘玻璃艺术启迪的创新者。

夏尔·马克是夏加尔彩绘玻璃的制作大师。在此他以富有诗意的笔调追忆了画家从彩绘玻璃画到镶嵌画、从镶嵌画到织锦画的"伟大"历程。

---

夏加尔深受艺术的"磨难",从极特殊的意义上讲他接受了性灵的普世性。如果他谈到爱,不就是指这无垠无涯的世界,既不高也不低,既不左也不右,只服从自然铺洒的色彩。画家来到巴黎时谈到的那个"自由色彩",以一种榜样性的力量显现在他的不朽之作中。他担心在这个题材中会找到向他提供时代形象的传统,便马上超越这一题材,只揭示他心灵的意象。如果教堂、神殿、犹太人的村庄、歌剧院、音乐厅或会议厅攫住他的心志,让他专注于场地的功能和特征的话,那这都是为了将它们会聚于普世之爱的同一视觉中。同样,他尊重自己作品所在的建筑物的风格,他是用一种与爱相结合的方式,而不是用一种配合的方式去完成作品的,以期在建筑空间里激发出生命力,而不是只感受到几何学上的才智。

在这产生不朽作品的二十年里,夏加尔轮流,有时则同时驻足于这些祈祷场所。那里定制的作品按有关人士间的协议用各种形式来表现,如诗歌、音乐和舞蹈。这样他作为普通人和作为艺术家,在各工地间奔波。

从 1954 年起,夏加尔根据从 1948 年就开始构思的计划,画成了十七幅大型油画:《圣经信息》。这些作品成了本馆和本次画展的核心部分。这些巨大壁画如同配以版画插图的《圣经》一样,呈现了诸族长和诸先知者的形象。这些

夏加尔与夏尔·马克及其妻子在兰斯的工场里

形象日后又在彩绘玻璃画和织锦画中得到发展。

事实上,这个计划极为庞大,耗去了他的全部心力,这个计划刚开始实施,夏加尔从1957年起又投入了另一项浩大的绘画工程。他在作品中用新的音色复述了他的生活意义,包括他的磨难和献身精神,他的感悟和预言家视角,以及他的歌声和舞蹈。但这次订货是强制性的命令,正如夏加尔所说的那样是"天命",他得顺从他人、社会、建筑风格和历史。这个"天命"要求他调动全部身心力量,以求同时达到既超越又不违拗,并呼喊出人在创作中的自由。1957年,他首先接受了梅斯教堂彩绘玻璃画的订货。他生平第一次与彩绘玻璃打交道,面对着光,在最强烈的色彩照映下工作。他感受到哥特式建筑的空间是如此深邃和生动,以至他的线条似乎从形式的光芒中凸显出来,他的色彩使古老的色彩焕然一新。在垂直的尖拱上,站立着诸族长和诸先知者,他们脚下的土地是钴蓝色和茜红色的,而大卫则坐在由蓝、红、紫、黄交织而成的诗歌的窗棂上,唱着悦耳动听的歌。这种材料,对他来说很新颖,赋予他新的力量,他把这称作"护身符",当人们知道爱它的时候,它就吐露了自己的心迹。

1959年初,当梅斯教堂的第一扇彩绘玻璃窗尚未完工之际,夏加尔又接到了耶路撒冷彩绘玻璃画的订货,这项订货他是怀着巨大的热情接受下来的。新的难题发生了,因为按照传统,犹太人居住区是不准展示人物画的,于是他放弃西方《圣经》中的大人物,而在《圣经》之国中感悟东方的启示,从而构思了《圣经》十二宗族的系列画。他把色棱镜中全部丰富的色彩发展成为一种创新形式,从而使组画有了一种普遍的、纯正的诗意。只要看看在这儿展出的这些草图和原稿,就可窥见夏加尔用何种宏大的规模和精确的反思来构筑一组如此不朽的作品。

于是各方订货纷至沓来。夏加尔总是以他深邃的人性之爱和真实的心声来加以选择。1963年,他接受歌剧院天顶画订货,这对他是必然的结果,尽管他对自己是否天生热爱音乐和舞蹈还有点担忧。这对他更是一个良机,借此可以向帮助他降生于艺术世界的人以及每天都在通过音乐启发他的灵感并鼓励他从事绘画创作的人,表示他的敬意和感谢。1964年，他用无限的精力完成了这幅献给法国的巨作，与此同时，他还表明了那幅献给纽约联合国总部的彩绘玻璃画《和平》的神圣价值。在这幅画中，以赛亚被众人簇拥，默示未来爱将支配大地。同年，他还完成了梅斯大教堂的彩绘玻璃画《天堂》，这是上帝爱全人类的金色颂歌。夏加尔还看到不久前为耶路撒冷议会大厦设计的三幅巨大织锦画开工编织。在那里，通过这一三折画的三幅画面，即《出埃及记》《进入耶路撒冷》的喜悦和《以赛亚的默示》的希望——在芸芸众生中呈现出这个民族的三位伟人：摩西、大卫和穆罕默德。

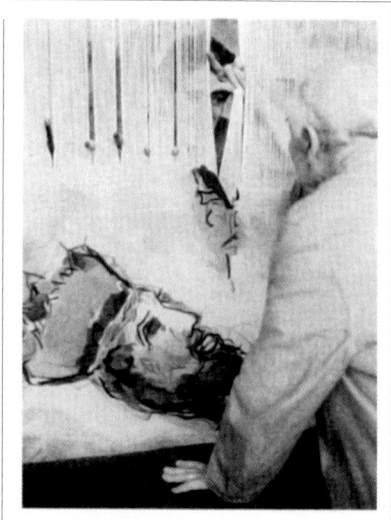

夏加尔在巴黎古柏林织造工场里检查耶路撒冷议会大厦织锦画的编织情况

1965年，夏加尔答应为纽约大都会歌剧院的前厅绘制两幅巨型壁画，他又一次听到了音乐的召唤。他的画笔为林肯中心广场所展现的壮美的空间书写了两幅黄色和红色的交响曲，如音乐

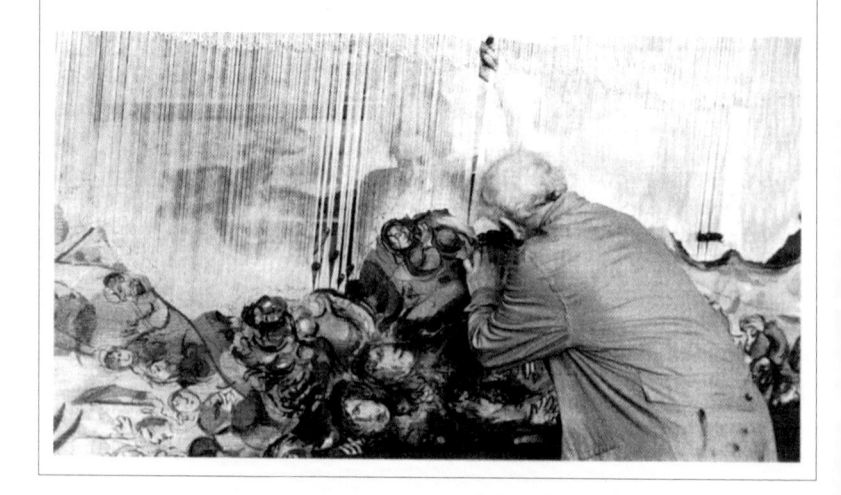

般响彻天宇，他美化了音乐的源泉，歌颂了音乐的凯旋。在这充满激情、精神得到升华的神圣篇章中，《音乐的源泉》上出现了翱翔在灵感高处的、以俄耳甫斯和大卫的双重面孔呈现的诗人形象，与此相呼应，天使作为上帝意旨的使者在红色的荣光中高唱《音乐的凯旋》。

看来世上没有任何事物能遏止他的宽厚和他创造性的功绩。继彩绘玻璃画之后，他开始从事镶嵌画，他心醉神迷地将其灵感呈现在另一种光的微妙的闪烁中。在上天与凡人之间竖起了一垛生发内心启示的玻璃墙之后，他又怀着一种新的狂喜看到一座包容着变化无穷的天国生命的石墙高耸在空中。1965 年他完成了麦埃特基金会图书馆的镶嵌画后，耶路撒冷的议会大厅也铺上了织锦画地毯。随后在 1966—1967 年，继巴黎冬季花园的出色装饰和他在圣保罗自家的壁画之后，他又接受了为尼斯法学院的大厅设计一幅巨大的镶嵌画的任务，后者于 1968 年花了一年时间告竣。这是《尤利西斯的信息》，一幅波澜壮阔的史诗作品，颂扬了古希腊英雄的伟大精神。通过此作，夏加尔对这位历尽艰险的英雄人物的献身精神表达了崇敬之意。这时他已经在梅斯完成了一项早在十年前就开始的工程：在北侧耳堂的圆顶上装饰彩绘采光玻璃，他绘制了在蓝天上飞舞的花束和鲜花。此后，夏加尔马上着手构思苏黎世圣母马利亚教堂订购的一组新的彩绘玻璃画。这场所激起了他火一般的热情，这下他可以在那里悉心创造一个全部彩色的空间。夏加尔投入工作，并于 1970 年完成。在祭坛又窄又高的罗马式尖拱上，画家拔高先知以利、雅各之梦的使者以及天国耶路撒冷的使者们的形象，表达了一种精神升华的力量。总之，这是先知、天使、天国、圣母马利亚和耶稣这样一些带着他们的肉体和灵魂升天的人物。色彩本身在红、蓝、绿、黄和各种不同色调的底色上以强有力的笔触显示出了升腾飘举的力量，同时在这空间的中心部分凝聚了色彩的组合，而我觉得这正是画家内心的色谱。

在这几年里，《圣经信息》美术馆的建筑构架已经形成，可以接纳这些于 1967 年前后画成的大幅组画了。于是画家及夫人瓦莲京娜把它们捐献给法国。在那儿，夏加尔的才华还促使他探求种种新的可能来使作品臻于完美。1972 年，他还创作了展览馆的前厅织锦画、先知以利的镶嵌画和照亮音乐厅的彩绘玻璃画《创世》。这些专为本馆构思的作品散发出一种深刻的含义和感受。镶嵌画与建筑物绚丽璀璨的采光神奇地结合起来，就像以利躺在枢车上一样接受着天火，并在平静如镜的水面上反射出黄道十二宫这宇宙时间的节奏；而彩绘玻璃画则透过头六天蓝色的夜晚和第七天礼拜日的蓝光显示了画家从生到死的创作业绩。夏加尔穿越时空继续构筑这精神大厦。然而就在画展开幕之

在古柏林织造工场编织地毯前的绘画准备阶段，用于歌剧院天顶画的拼版图

际，兰斯大教堂的彩绘玻璃画也在教堂的中轴线上就位。在那里，在哥特式建筑物的蓝色背景上，赫然呈现出了亚伯拉罕和耶稣的高大身影。《新旧约全书》中的诸多人物，蒙上一层神秘色彩，接受着视觉光芒，在犹太诸王和法国历代国王的系谱上显现他们的身影和光芒。

夏加尔的这一不朽之作，由他的绘画和化学材料组成，将令人惊奇地延续下去。整部作品不落一切感情和一切装饰理念的俗套，表现的是他的灵魂、心灵和精神。他满怀希望去沟通爱心，和他的作品一起永驻在一个为所有的人建造的场所。由此，我认为夏加尔正在实现他的梦想，而这种梦想正是本世纪的许多人所梦寐以求，但就其绝无仅有的广度和现实的深度又是永远无法达到的。画家之所以有这个梦想，是因为这是各国人民的梦想：看到描绘无法言传的事物的信息艺术，在城邦的中心建立他那座讴歌神秘和爱的丰碑。

——夏尔·马克：
《马克·夏加尔，不朽作品的草图和原稿》
画展目录序言，
国立马克·夏加尔《圣经信息》美术馆，
尼斯，1974年

# 夏加尔的美学观

在丰富多样的表象下,夏加尔绘画中不可或缺的统一性何在呢?为了做出回答,阿拉贡援引了莎士比亚的《仲夏夜之梦》,梅耶求助于化学,韦尔科研究数学的极限问题。

## 夏加尔,值得景仰的人

作画。有人在作画中度过一生。当我谈到此人的生平时,请耐心地听。其余的都是指手画脚的胡说,作画是他的人生。他画什么呢?水果、花卉、画一位国王进城吗?所有这些解释都与生活不相干,都与他的生活不相干。他的生活就是作画。这是无法解释的。作画或许还有说话:他在观察,一如人们在倾听。画在画布上的东西犹如虚构的词句,字字连贯。总之,一切都在说话,没什么可以理解的:这是音乐吗?那又何必要绘画呢?一切得从头再来:可是这个从未完善的世界,这个不自在的国家该从何处着手来描绘呢?在这个失重的国度里,人和鸟没有任何区别,驴子住在天上,一切都变为马戏杂技表演,人熟练地倒立行走。如果某种颜色与吹笛者手臂上公鸡的颜色相近似,并且在公鸡脖子的阴影里画一个裸体女人,而在远离村庄的地方太阳和月亮同时发出金光,那也没有必要做什么解释。我们总是处在时间的门槛上。指针指着待迈出的一步,并跨越过去。戏剧已经上演,男人和女人从外表看都已怀孕:蛮兽,流浪艺人剧团中的角色,安息日无犯难的事,童年时代无端的烦扰,失去的理智,颠倒世界中的体操家,用一只隐形的小提琴伴奏的卖艺人?这是一个民族已经觉醒了的梦,梦中有那么多的恋人,不知娶哪一位才好。无疑,还从未有人

夏加尔在旺斯,1957年

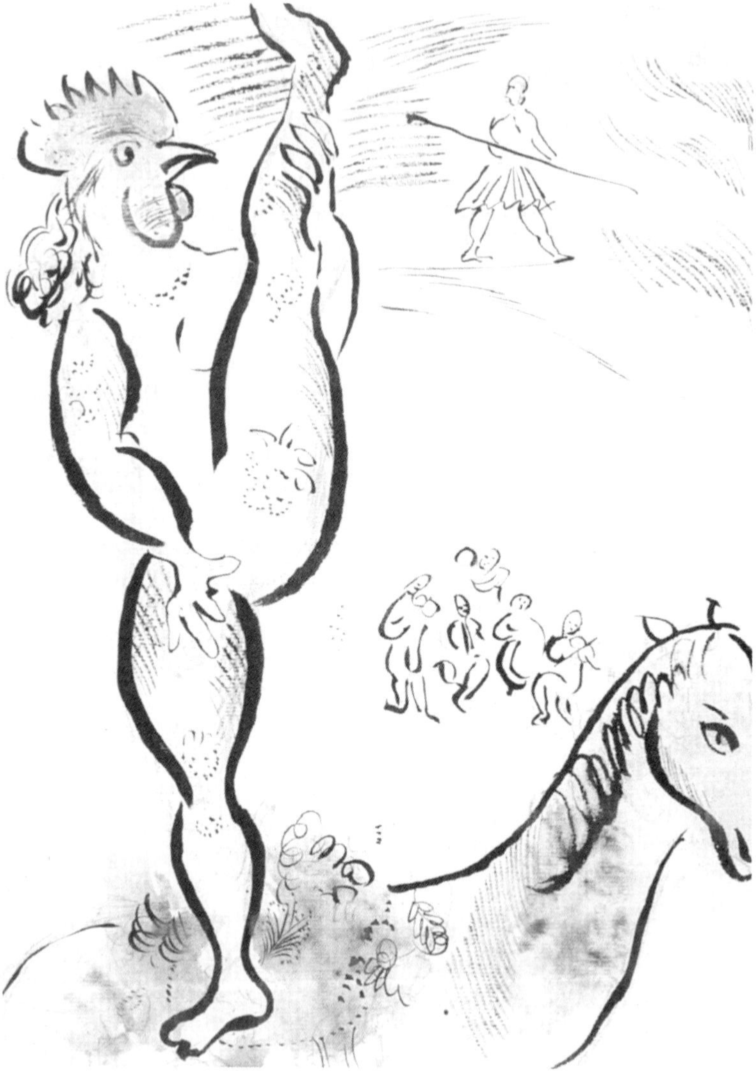

能如此地用光来注满我的眼睛,但此人总不可思议地使黑夜永驻我身上。

这里有夏加尔的某种辩证法,对此,我以前只知道《仲夏夜之梦》。不必用假金箔来装饰演员,因为他们通身都缀满了闪光片和花束,就像布满了羽毛一般,而最常见的是在舞蹈演员身上围上草裙编叶。画家年龄越大,越会在色彩的激情中感受到异教徒的欢乐。在这里,海市蜃楼并不出现在沙漠边缘,而是在生命的闪光中,人与兽在此互相交融。我们不知道哪一个梦被用手柔情爱恋地研碎成黑暗与光明,就像用手指蘸上绿色和橘黄色研揉过一般。这位画家有时会学波冬的样子扮出副兽脸,手持调色板,站在画布前,把整个世界想象成模特儿在摆姿势。一切如梦似真非真,无意识变成了有意识。可以说到处是,几乎到处是用手触摸过的王国。这是那个人们用双手,更经常是张开着双手抚摸的国度。别的哪一位画家曾画过这样的画呢?一头牛在远处慢慢地走过,慢得使小提琴的琴声都沉寂了,一切都紧拥着,奇怪得犹如牧歌一般。噢,永远创新的爱是那么寂静,如果情景果真如此,那总是第一次,总是美妙惊悸的青春期。

在此,这种美妙少有人理解,因为我了解的这一切是增加,而不是减少神秘。农民、小丑或夜晚的恋人。那些遥远的村庄也许会显得跟巴黎圣母院、埃菲尔铁塔或巴黎歌剧院同样美轮美奂。巴黎甚至显得像农村,而它却光彩夺目,灿烂得像丁香花。以前画家们让学生和习艺者精心绘制小人物,努力在重要构图的透视中精心刻画他们,人称"多余的矫饰"。夏加尔总是不同意别人简单

在旺斯,与儿子戴维在一起

地阅读他的作品,使他的作品变得符合理性,其中有幅画画一个在街上倒立行走的人,另一幅画上的人物则头朝下,侧着脸飞向天空,似乎在说:让我们创作一个理性的版本吧,至少符合我们能够定义的一则神话故事!画家在细节上总是违拗总体构图的原则,直到违反似乎一眼就能看出的平衡。这恰如有些地方牲口与人交配一样荒唐。恕我冒昧,我要赋予这种牲口以象征性的意义或价值。在这项延续了六十多年的事业中,时间丝毫没有改变什么,相反:现今占主导地位的任意性逻辑向着年龄挑战,并嘲弄着时间及其淫威。当然,有人会对我说,夏加尔的有些作品驳斥了我的论断,有人会援引题材的连贯性,特别是在恢宏,精妙绝伦的《圣经》系列画中,画家似乎屈从于"历史"故事,遵循故事内容来完成其插图。除了他能这样做那样做以外,这能证明什么呢?但愿一种神话是不会排斥另一种神话的。

在这里供人观赏的某些作品,经过那么多年,我们已习以为常了,甚至不再感到其古怪奇特、"无法看懂"与非理性,反认为这正是它奇妙之所在,一句话:诗意。他笔下的场景越无法归结为日常生活中的场景(有意思,你没发觉"日常"这个词很适用于生活吗?),我们越无法将这些要素归结出一般意义,从而也越不像最初显现的那些要素了,反之亦然。在这位画家的作品中,构图的严谨正在于他创作的自由。我本人趋向于认为,在他身上占主导地位的是他从绘画和色彩至上中所获得的那种愉悦,而不是他所表现的东西。在明显的不协调中他显得忘乎所以,或者说随心所欲,这正是我历来如此喜爱他的原因。夏加尔与其他画家相反,他似乎在不平衡中只顾玩弄一支总是破坏几何学平衡的万花筒,而对于其他画家,这一几何学上的平衡乃是创造完美艺术作品的终极要素。

夏加尔的作品好似一本动物寓言集,鸟和马有时显得如此亲近相似,令人期待着会有它们的变种出现。我想拿这幅最近新创作的油画为例,在一个深蓝色的夜晚,月亮是黑色的,大地上再次出现白俄罗斯的村庄:有个人坐在那儿,四周的天空聚敛起雨云,化作闪电凌空劈下,斜斜地倾泻在他肩上……快把这景象画下来吧!此时的天空真是笔墨难以形容,有两只鸟,一个裸体的孩子,侧旁站着一个女人,在幽暗的背景上被画成了白色;还有一匹小马驹,而这张照亮油画上部的脸是属于被棕色、黑色、绿色和鲜红色的色块所分割的那个躯体的吗?在左上方,有匹绿色身躯、粉红色头的马,一条蓝腿踩在月亮苍白的脸上(或许是块卵石?),另一匹细腿马则像属于天上神秘的孕妇。你们看,但我说的你们看不见,尽管你们的目光能随意穿透黑夜!我只想提醒你们,切勿赋予这些夜景画,如同赋予阳光明媚的油画那样以随心所欲的神话意义。别吵醒画家,他正在做梦,而梦是神圣、奥秘的。他将梦见他的绘画与生活。世界是他的黑夜,一如它也制造白天。

——路易·阿拉贡,
布达佩斯画展目录的前言,
1972年4月

## 高等"化学"

从雕塑到石版画,从陶瓷到彩绘玻璃画,在夏加尔从事的一切创作中,绘画占主导地位。在绘画中,那些被画家称为他的"化学"的一切造型要素,都在不断地创新,互相交融。但是,其他的一些表达方式也并非没有必要。因此石版画在画家手下就变成了"向遥远而迷人的河岸奔流而去的大川",他最近还如此说道。石版画赋予绘画以翅膀,好让他从这个世界腾空而起,恰如长期以来萦绕在他心头的那种翱翔。在绘画中我们听到源于"化学"的回声,似近似远地回响着。绘画中的色彩颤动着,自大战以来日益变得密集,渐次呈现完美。石版画使我们亦步亦趋地注视着这一非凡的攀登过程。这过程首先表现为从画笔或钢笔所画的黑色中解放出来,然后汇入色彩。在此,应指出经历一段时间后,色彩日益积极地参与进来,并像黑色一样完全反映了既邪恶又温柔的灵动性,从而显示了色彩在绘画中舒缓的亮丽和尖锐气息这样的特性。因此黑点与线条愈显重要,在一张纸面上建立起颤抖又密集、令人惊异的空间,挟着回忆的力量和希望的眩光展现在我们面

《鲜花》,纸面中国水墨画

前。我觉得夏加尔最近的石版画具有空前的品质,因而也就完满地进入主宰他作品的色彩的高等"化学"中。

——弗朗茨·迈耶,未发表的文章

## 无穷无尽的想象力

在夏加尔的作品中,变形所造成的诗意常常伴随着一件固定道具,就像魔术师手中永远不变的丝绸巾和兔子一样。我指的是相同的物件、动物和人物。它们不断地在一幅幅画面上再三出现。这些道具和人物为数不多,我们只要用几行字就能列出其清单。这些人物固定不变,他们是小贩、江湖艺人、天使、乐师和情侣,始终是情侣,某种甜腻和含蓄的色情:未婚妻,甚至是裸体的,且必然是处女,以及男人,总是穿衣的。然后动物登场:马或驴子、牛、公山羊、

鸡、鱼。最后是物品与建筑：挂钟、小提琴、梯子、花卉、埃菲尔铁塔、穷人的茅舍。总共十五种，也许二十种左右，不会更多。他就把这些东西布置在画面上，就像小孩涂鸦一般，东画一个，西画一个，既没有重心，也没有透视关系，只凭一时的情绪。人们也许会担心，光凭这种排列，绘画的多样性很快会枯竭。但是我们懂得，安排宾客围桌就座时可能有的排列组合方式的数量，会随着客人的实际人数以如此令人眩目的、难以置信的比例而增长：如四位客人只能排列出二十四种不同的就座方式；六位客人已能排列出七百二十种；八位客人能排列出五千四百种；十二位客人能排列出六千四百万种……这样，二十位客人或者二十件物品的排列组合方式就会以几百万、几十亿来计数了。（注：根据原文翻译，计算不准确）在夏加尔的作品中，人和物的变形数量是无法计数的！画家如要穷尽所有的排列组合，那他恐怕得活上几万年。面对着他的作品，这种恒定不变的印象就是由此而来的，同时他的有限的想象力也就演绎得无穷无尽。

夏加尔的绘画是两条路子相结合的卓越范例。没错，这是一条康庄大道：其间画家经历了一段对事物的模仿期，但仅仅是为了创造属于他的世界，仅属于他的世界，一个独立世界，这个世界完全不与可接触的、日常的世界相脱离，与现实的世界只保持朦胧轻盈的联系，目的仅仅是为了着手去创造他自己的《创世记》。于是这个世界从此存在了，它不仅存在于画廊的挂镜线上，从此还存在于我们的精神和心中。如果没有他，如果他消失了，那我们的内心世界将是不完整、残缺的。归根结蒂这正是一位"大画家"的征象，一位大艺术家的征象。由于他的恩泽，我们感受到也分享到作为人的崇高尊严；他就像魔术师，天真而简单地用他的爱心与梦幻，把我们从世事的残暴中，从种种假象的恐怖中带走，随他遨游。夏加尔就是这样的人。

——韦尔科载《镜中世界》杂志，235期，1979年10月，A.麦埃特出版

# 让·雷马里的敬意

安德烈·马尔罗、让·卡苏、雅克·拉塞涅、让·夏特兰、于贝尔·朗戴等法国博物馆界的大人物都曾捍卫过夏加尔。1969 年，让·雷马里在巴黎大王宫为画家组织了一次辉煌的回顾展。

---

六十年前的今天，一个出身于俄罗斯外省、才华横溢的二十二岁青年来到了艺术之都，他眺望街道、行人，参观罗浮宫，发现了这道"摄人魂魄的自由之光"。这是他在到处游历后，在别处未曾见到过的"自由之光"。为了他的对照和尊荣，他那自身世界的光辉沐浴在"自由之光"中。

夏加尔在旺斯"山冈"别墅里，1958—1959 年

……夏加尔的艺术以家庭为中心，家庭是童年的神秘的和超自然的世界，理性的大人是不信这种奥妙的。有两个主导性的主题左右着他的作品，最终发展成了两套系列画：《马戏团》和《圣经》。它们在结构上紧密联系，但每一组成部分有其自身的价值。夏加尔出身简朴的犹太社区，家里虔信哈西德教派的神秘主义，所以对《圣经》有直觉的认识，自然对圣事也容易亲近。《圣经》对希伯来民族来说是集先验性故事传说的大成，将事件与个人的特性全服从于最高的真实。夏加尔象征主义的创作倾向于认同《圣经》叙事传说的一面。那里没有人与事不留下回响，在其传播过程中公正地反映出人类的全部经验。从 1950 年起，他创作由十七幅主题画组成的宏伟组画——《圣经信息》，后于 1967 年捐献给法国，安置在尼斯高地专为此而建造的"冥想之地"。值得一提的是，这些画中有十二幅取材于《创世记》和《出埃及记》中的情节，《雅歌》则体现在其他五幅作品中。……

像许多艺术家或犹太思想家一样，

《杂耍演员》，1955年

夏加尔也为耶稣的孤独形象心驰神往。耶稣超越教义，承担了最高的人道主义，临死时张开双臂被钉在十字架上，以至高无上的爱和牺牲姿态来臻于完满，为现世赎罪。按画家本人的话来说，耶稣在夏加尔的心目中是一个"对生命了解得最透彻的人，是奥秘生命的中心人物"。从1909年开始创作、1912年完成的神秘杰作《各各他或耶稣受难像》这一耶稣受难的主题，把《新约》和《旧约》的象征意义结合起来了；而1938年起创作的令人心碎的《白色耶稣受难像》则体现了人世间的悲剧。

在我们的时代，夏加尔无疑是唯一能重新恢复中断了的传统，在《圣经》中广泛汲取并不断发掘其丰富内涵的伟大艺术家。相反，当代伟大的画家都热衷于马戏杂技，从中他们看到对尘世的隐喻和对自我活动的反照。说不清是什么原因，夏加尔的作品与卢奥的作品在宗教和马戏题材方面都颇为类似。坐在夏加尔身旁看马戏表演，就如同坐在毕加索身边欣赏斗牛竞技时所感受到的启示一样。马戏表演在俄罗斯自古就是最受欢迎、最古老、最活跃的技艺。……马戏场是摆脱重力和从严格训练的动作和情感中释放全部自由的魔圈。马戏表演于1913年出现在夏加尔的作品中，继而在1927年和1937年数量渐增；从1956年起与《圣经》系列画一起成为系列画，并在1968年画出著名的杰作：《大马戏团》（或称《巡回演员》）。

马戏团的动物演员在夏加尔的神话中具有症候性的地位，母牛和山羊特别出现在1914年以前，驴子和马出现在1924年以后，从1928年起公鸡和鱼占了主导地位。它们之间以其文化价值及对立两极彼此联结，如太阳和月亮、水与火。夏加尔相信在以赛亚预言的救世主国度里，所有创造物和野兽将和平共处，相信原罪前的世界，即"原始和母性的大自然"也将复活，正如宗教史学家埃利亚特所说的那样，在那里人类与动物亲密相处，而且懂得它们的语言。

鲜花也有它们的语言，爱和天堂里颂歌的语言。夏加尔在订婚时说："我只要一打开窗户，蓝色的空气、爱意和鲜花就会一股脑儿涌入房内。"无论何

《无题》，1978年

时何地，还在俄罗斯生活时他就已经开始画鲜花了，因为它们是色彩的化身和爱的使者。但据他自己吐露，1926年春仅在地中海沿岸，起先在法国南方，稍晚，1952年和1954年在希腊他才真正领悟到了它们的本质。首先，鲜花作为玻璃窗上风景的媒介，而玻璃窗又介于远空间和近空间之间，是另一个经久不衰的绘画主题，它们自然最后就意味着风景本身，再结合恋人和飞鸟，就能编织出充斥着它们的光明气息和柔和氛围的整个空间。……

就美学意义而言，夏加尔的创作建立在他称之为色彩的"化学"上，建立在赋予物体以生命，再将其转变为光的神奇天赋上。他的这种流动闪烁的色彩既响亮又具穿透性，恰如嫩芽和苔藓，迅速形成强烈和精妙的对比，顺从心灵的折射，臣服想象的冲动，在宽广的空间形成一种主色调，包括黑与白及无穷尽的细微色差。色彩的透明度及其闪烁的特性，使色彩在彩绘玻璃画的技艺中得到升华，彩绘玻璃画真实地体现了光并揭示了上帝的本质。如同陶瓷一样，

夏加尔在兰斯为耶路撒冷哈达沙医疗中心绘制彩绘玻璃画

彩绘玻璃画也是一门经受火烧制而发生质变的艺术，原材料已不再是黏土，而是蕴含着神秘意向的天空。在绘画中，夏加尔解释道，画家遇到两种人造和对立的要素——画布和颜料，两者必须结合，由此产生不公平的斗争，胜负难分。在制作陶瓷时，他是促使，而不是阻碍土和火这两种天然要素的结合。在制作时，如忽视这些要素的能量，则会产生装饰上的瑕疵：裂纹或龟裂。制作彩绘玻璃时，他必须谦恭谨慎，以便得到良好的透光和获取蓝天甜美的馈赠，并期待上天的恩泽，而这正是岁月结出的果实以及一颗纯洁的心灵与世人沟通所得到的回报。

——让·雷马里，国立现代美术馆馆长，载于《向马克·夏加尔致敬》一文，巴黎，1969年

# 参考书目

## 引用作品目录

夏加尔（马克）《我的一生》，斯托克出版社，1931年（2003年再版）。

夏加尔（贝拉）《点燃之光——初遇》，伽利玛出版社，1973年（1995年再版）。

福雷斯蒂埃（西尔维埃）《夏加尔，不朽的作品，彩绘玻璃画》，米兰，亚卡书社，1987年。

福雷斯蒂埃（西尔维埃）《国立马克·夏加尔〈圣经信息〉美术馆》，收藏样本目录，尼斯，1990年。

福雷斯蒂埃（西尔维埃）和迈耶（迈雷）《夏加尔的陶艺》，阿尔班·米歇尔出版社，1990年。

哈夫特曼（韦尔纳）《夏加尔》，阿尔斯·蒙迪出版社，1991年。

皮代马那斯（伊齐斯）和麦克·马伦（罗依）《马克·夏加尔的世界》，伽利玛出版社，1969年。

考恩菲尔德（E.W.）《夏加尔，铜版和木版画》，贝尔恩、考恩菲尔德和克利普斯坦出版社，1970年。

马卡吕斯（米歇尔）《夏加尔》，哈桑出版社，1987年。

迈耶（弗朗兹）《夏加尔——生平和作品》，巴黎，弗拉马里翁出版社，1964年（1995年再版）。

普洛瓦约（比埃尔）《圣经信息》，美术俱乐部，1983年。

施奈德（比埃尔）《本世纪的马克·夏加尔》，弗拉马里翁出版社，1995年。

## 画展选登

1969年 《马克·夏加尔回顾展》，组织者：让·雷马里，大王宫，巴黎。

1984年 《马克·夏加尔油画作品回顾展》，组织者：让–路易·普拉，麦埃特基金会，圣保罗·戴·旺斯。

1984年 《马克·夏加尔纸面画作品》，组织者：比埃·普洛瓦约，国立现代美术馆，蓬皮杜中心，巴黎。

1985年 《夏加尔》，组织者：苏珊·康普顿，皇家美术学院，伦敦和费城美术馆。

1991年 《俄罗斯收藏品中的夏加尔》，组织者：克里斯蒂纳·布罗斯，比埃·贾约达基金会，马蒂涅（瑞士）。

1991年 《夏加尔，在俄罗斯的年代》，组织者：克里斯托夫·维塔利，席尔恩美术展厅，法兰克福。

1992年 《夏加尔及犹太剧院》，组织者：本杰明·哈雪夫，索霍的古根海姆博物馆，纽约。

1993年 《夏加尔在耶路撒冷》，组织者：齐伐·阿米纱依 - 马依赛尔斯，耶路撒冷美术馆。

1995年 《夏加尔，1907—1922年在俄罗斯的岁月》，组织者：丹尼尔·马切索，文化艺术资产馆，巴黎。

# 图片目录与出处

## 卷首
扉页 《蓝色风景中的情侣》，1969—1971年，伊达·夏加尔继承之遗产。

## 第一章
章前页 《高举酒杯的伉俪肖像》，1917—1918年，画家捐赠（1949年），国立现代美术馆，巴黎。

第1页 夏加尔的父母，扎哈尔和费加–伊塔，伊达·夏加尔档案资料。

第2页上 夏加尔在维捷布斯克的故居，伊达·夏加尔档案资料。

第2页下 夏加尔与父母、六个妹妹及纳希叔叔合影，约1909年，伊达·夏加尔档案资料。

第3页上左 《我的母亲》，纸面铅笔画，1914年，私人收藏，巴黎。

第3页上右 《父亲》，1910—1911年，国立现代美术馆，1988年收藏，巴黎。

第3页下 《在犹太教堂学习》，纸面黑墨水画，1918年，国立现代美术馆，1988年收藏，巴黎。

第4页上 《安息日》，1909年，瓦拉夫-里查茨博物馆，科隆。

第4页下 《夏加尔肖像》，耶乌达·本画，1906—1907年，白俄罗斯美术馆，明斯克。

第5页上 《自画像》，纸面水彩墨水画，1907年，国立现代美术馆，1988年收藏，巴黎。

第5页下 圣彼得堡，涅瓦大街，约1900年。

第6页上 1906年圣彼得堡杜马举行会议情形（版画）。

第6页中 杜马，彩色明信片，约1900年。

第6页下 夏加尔挥帽致意，约1908年，伊达·夏加尔档案资料。

第7页上 《握着画笔的自画像》，1909年，北莱茵-威斯特法伦州艺术收藏品，杜塞尔道夫。

第7页下 莱昂·巴克斯特。

第8—9页 《婚礼》，1910年，国立现代美术馆，1988年收藏，巴黎。

第8页 夏加尔，约1910年，伊达·夏加尔档案资料。

第9页 贝拉·罗逊费尔德，约1910年，伊达·夏加尔档案资料。

第10页上 《死神》，1908年，国立现代美术馆，1988年收藏，巴黎。

第10页下 《死神》的草图，纸面铅笔画，1908年，伊达·夏加尔继承之遗产。

第11页上 《圣徒之家》，1909年，国立现代美术馆，1988年收藏，巴黎。

第11页中 阿尔贝特·格莱兹。

第11页下 让·梅青格尔。

第12页左 《献给我的未婚妻》，1911年，艺术博物馆，伯尔尼。

第12页右 罗贝尔·德洛内，1914年。

第13页上 《阿波利奈尔肖像》，纸面紫墨水水彩画，1913—1914年，国立现代美术馆，1988年收藏，巴黎。

第13页下 "蜂巢"，从坦特泽到巴黎的通道。

第14页上 《献给俄罗斯、驴子和其他人》，1911—1912年，画家捐献（1989年），国立现代美术馆，巴黎。

第14页下 布莱斯·桑德拉尔。

第15页 《诗人，三点半》（头朝下），1911年，爱伦斯堡收藏品，费城美术馆。

第16页 《向阿波利奈尔致敬》，用金银粉的布面油画，1911—1912年，国立博物馆，荷兰恩德霍芬。

第17页上 《各各他或耶稣受难像》，1912年，现代美术馆，纽约。

第17页下 夏加尔和亚历山大·罗姆，1911年6月摄于巴黎，伊达·夏加尔档案资料。

第18页上 《通过窗子看巴黎》，1913年，所罗门·R.古根海姆博物馆，纽约。

第18页下 《用勺子吃饭的农民》，纸面中国水墨画，1913年，马尔库斯·迪埃乃，巴塞尔。

第19页上 《估价》或《黄色拉宾》，1912年，私人收藏。

第19页下 《牲畜商》，纸面水粉画，1912年，E.W.科恩费尔德收藏，伯尔尼。

第20页 《我与村庄》，1911年，西蒙·古根海姆基金会，现代美术馆，纽约。

第21页 《七根手指的自画像》，1912—1913年，国立博物馆，阿姆斯特丹。

第22页 《不管在世界以外的任何地方》，卡纸油画，裱在布上。1915—1919年，群马现代美术馆，高崎。

第23页 《孕妇》或《生育》，1913年，国立博物馆，阿姆斯特丹。

第24页上 《思念毕加索》，方格纸面黑墨水画，1914年国立现代美术馆，1988年收藏，巴黎。

第24页下 《手持调色板的自画像》，纸面黑墨水画，私人收藏。

第25页上和中 "狂飙"发表的有关夏加尔的出版物，伊达·夏加尔的档案资料。

第25页下 赫尔瓦特·瓦尔登于1918年。

第26页左 《戴黑手套的未婚妻》（贝拉），

1909年，艺术博物馆，巴塞尔。

**第26页右** 贝拉·罗逊费尔德，伊达·夏加尔档案资料。

**第27页上** 《贝拉和伊达》，纸面铅笔画，1916年，伊达·夏加尔继承之遗产。

**第27页下** 夏加尔、贝拉和伊达在1917年，伊达·夏加尔档案资料。

**第28页左** 《在理发店》，画在包装纸上的水粉和水墨画，1912年，国立现代美术馆，1988年收藏，巴黎。

**第28页右** 1914年夏加尔在莫斯科，伊达·夏加尔档案资料。

**第29页上** 《出征》或《士兵与他的母亲》，纸面钢笔和墨水画，1914年，E. W. 科恩费尔德收藏，伯尔尼。

**第29页下** 1915年被德军俘虏的俄罗斯士兵。

**第30页上** 《救护站》，纸面羽笔画，1914年，伊达·夏加尔继承之遗产。

**第30页中** 《士兵的诀别》，卡纸油画，裱褙，1914年，私人收藏。

**第30页下** 《报商》，纸面墨水画，1908—1909年，伊达·夏加尔继承之遗产。

**第31页** 《公墓的大门》，1917年，国立现代美术馆，伊达·夏加尔捐献（1984年），巴黎。

**第32页** 《犹太教堂》，纸面水粉画，1917年，马尔库斯·迪埃乃收藏，巴塞尔。

**第33页** 《穿红衣的犹太人》，卡纸油画，裱褙，1915年，奥伯斯特格市于尔格-夏加尔基金会。

**第34页上** 《红色的栏栅大门》，卡纸油画，1917年，国家画廊，斯图加特。

**第34页下** 《蓝色的木屋》，1917年，比利时美术馆，列日。

**第35页左** 《着白翻领的贝拉》，1917年，国立现代美术馆，1988年收藏，巴黎。

**第35页右上** 《生日》，卡纸油画，现代艺术博物馆，纽约。

**第35页中** 《着白翻领的贝拉》，1917年。

**第36—37页** 《飞翔在城市上空》，1914—1918年，特列季亚科夫美术馆，莫斯科。

**第38页上** 苏俄革命宣传画。

**第38页下** 阿布拉姆·埃夫洛斯和图根霍德出版的《马克·夏加尔的艺术》的封面，纸面墨水画，1918年，伊达·夏加尔继承之遗产。

**第39页上** 《显灵》或《献给缪斯的自画像》，1918年，戈尔代耶娃收藏，圣彼得堡。

**第39页下** 冬宫画展目录，伊达·夏加尔档案资料。

**第40页左上** 维捷布斯克美术学校校务委员会，1919年秋。

**第40页右上** 维捷布斯克美术学校。

**第40页下** 《吹号子的骑士》，纸面铅笔水粉画，1918年，伊达·夏加尔继承之遗产。

**第41页** 《风景》，1918—1919年，国立现代美术馆，伊达·夏加尔捐献（1984年），巴黎。

**第42页上** 《夏加尔》，纸面铅笔和中国水墨水粉画，1918年，国立现代美术馆，1988年收藏，巴黎。

**第42页下** 格拉诺夫斯基（左握笔者）、米哈伊尔斯（中签字者）和梅耶霍尔德（右握笔者），在莫斯科犹太剧院，伊达·夏加尔的档案资料。

**第43页上** 西涅剧作《西方世界的江湖艺人》的布景画，纸面铅笔画、墨水及水粉画，1921年，国立现代美术馆，1988年收藏，巴黎。

**第43页中** 1920年夏加尔与米哈伊尔斯，伊达·夏加尔的档案资料。

**第44页** 1920年，夏加尔在为犹太艺术的《犹太戏剧的序幕》作画，伊达·夏加尔档案资料。

**第45页上** 阿尔特曼、夏加尔和施特伦贝克画展的展品目录，附有夏加尔《音乐》的插图，伊达·夏加尔档案资料。

**第45页下** 夏加尔在马拉科夫卡和第三国际政治教养院，1921—1922年，伊达·夏加尔档案资料。

**第46—47页** 《犹太戏剧的序幕》（及细部），蛋黄彩水粉画、黏土／油画，特列嘉科夫美术馆，莫斯科。
第48—49页 《婚礼筵席》，材质同上，出处同上。
第48页左 《音乐》，材质同上，出处同上。
第48页右 《舞蹈》，材质同上，出处同上。
第49页右 《戏剧》，材质同上，出处同上。
第49页右 《文学》，材质同上，出处同上。

## 第二章

第50页 《杂技演员》，1930年，国立现代美术馆，巴黎。
第51页 1923年夏加尔、贝拉、伊达在柏林，伊达·夏加尔档案资料。
第52页上 20世纪20年代柏林的街道。
第52页中 "堕落艺术"画展目录（目录中三幅是格罗茨的作品，一幅是夏加尔的作品）。
第53页上和中 《祖父之家》（第12号铜版画），《自画像》（第17号铜版画），腐蚀铜版画，配《我的一生》，柏林，1923年。
第53页下 保罗·卡西雷尔。
第54页 昂布洛瓦兹·沃拉尔。
第55页上 夏加尔、沃拉尔、伊达和贝拉1923年在巴黎，伊达·夏加尔档案资料。
第55页下 果戈理《死魂灵》的版画，泰里阿德编辑出版，1948年，伊达·夏加尔档案资料。
第56页左 《伊达坐在窗台上》，1924年，国立博物馆，阿姆斯特丹。
第56页上和右下 1924—1925年夏加尔一家住在奥尔良寓所，伊达·夏加尔档案资料。
第57页 《伉俪肖像》，1925年，名古屋美术馆。
第58页上 1930年在蒙巴那斯区与扎克夫人，兹勃洛夫斯基和欧仁·扎克一起坐在圆亭露天咖啡座上。
第58页中 1927年约瑟夫·德尔泰伊、夏加尔和德洛内合影。
第58页下 安德烈·萨尔蒙。
第59页左 夏加尔一家在布洛涅，约1925年，伊达·夏加尔档案资料。
第59页右 1924年巴巴赞吉－奥德贝画廊的画展目录。
第60页 《亚当岛的风光》，1924年，伊达·夏加尔继承之遗产。
第61页 《农家生活》（及细部），1925年，阿尔布赖特·诺克斯美术馆廊，布法罗。
第62页 《开玩笑者和鱼》，纸面水粉画，1927—1928年，私人收藏。
第63页左上 《化身为女人的小猫》，铜版画，1927—1930年，配泰里阿德编辑出版的《寓言诗》，1952年，伊达·夏加尔继承之遗产。
第63页右上 1928年参观画展之请柬，展出地点为贝尔海姆，配《寓言诗》的腐蚀铜版画。伊达·夏加尔档案资料。
第63页下 《狼叼小羊羔》，纸面水粉画，1927—1928年，私人收藏。
第64页 《森林之神与过路人》，材质同上，私人收藏。
第65页 《磨坊主及其儿子和驴子》，材质同上，私人收藏。
第66页上 纸面墨水画，约1925—1927年，私人收藏。
第66页下 《小丑骑着白马》，水粉画，1927年，私人收藏。
第67页上 冬季马戏团。
第67页下 夏加尔、萨洛蒙·米霍埃尔斯、伊萨克·费费尔1928年在巴黎，以及犹太剧院巡回演出的演员们，演出地点：圣·马丁剧院。伊达·夏加尔档案资料。
第68页 《香邦湖畔》，水粉画，1926年，鲍曼斯·范·博伊宁根博物馆，鹿特丹。
第69页上 小伯恩海姆画廊。
第69页中 安德烈·马尔罗。
第69页下 让·波朗。
第70页上 《时间是条无岸的长河》，1930—1939年，现代美术馆，纽约。
第70页中 夏加尔一家居住的奥特伊的蒙莫朗西别墅内景，伊达·夏加尔档案资料。

第71页 《埃菲尔铁塔的新婚夫妇》,1939年,国立现代美术馆,1988年收藏,巴黎。

第72页上 《彩虹,上帝和人间的联系征兆》,水粉画,配《圣经》插图之初稿,1931年,国立马克·夏加尔《圣经信息》美术馆,尼斯。

第72页下 《拉结圣墓》。

第73页上 《哭墙》(油画),1932年,画家捐献,1948年,特拉维夫美术馆。

第73页中 《哭墙》(照片资料),约1900年。

第74—75页 《献给我的妻子》,1933年,国立现代美术馆,巴黎。

第76页左上 "堕落艺术"画展的目录封面,慕尼黑,1937年。

第76页下 《仲夏夜之梦》,1939年,格莱诺贝尔博物馆。

第76—77页 《革命》的草图稿,1937年,国立现代美术馆,1988年收藏,巴黎。

第78页 《白色耶稣受难像》,1938年,阿尔弗雷德·S.阿尔舒勒馈赠,芝加哥美术研究所。

第79页 夏加尔在纽约,约1941年,伊达·夏加尔档案资料。

## 第三章

第80页 《杂技演员》,1943年,吉尔伯特·W.查普曼夫人捐献,艺术协会,芝加哥。

第81页 剪报,伊达·夏加尔档案资料。

第82页上 "流亡画家"画展目录封面,皮埃尔·马蒂斯画廊,纽约,1942年,伊达·夏加尔档案资料。

第82页下 欧洲艺术家们在纽约,伊达·夏加尔档案资料。

第83页上 《天使的堕落》,1923—1933—1947年,巴塞尔艺术博物馆。

第83页下 夏加尔夫妇与皮埃尔·马蒂斯在其纽约的画廊里,站在《高举酒杯的伉俪肖像》前,1941—1942年,伊达·夏加尔档案资料。

第84—85页 《阿乐哥》中的布景画——《圣彼得堡幻想曲》,私人收藏,日本。

第85页右上 夏加尔和贝拉在纽约,伊达·夏加尔档案资料。

第85页下 夏加尔和舞蹈演员站在《阿乐哥》的布景画(《阿乐哥与珍库拉在皎洁的月光下》,1942年)前,伊达·夏加尔档案资料。

第86页左 《妖怪》,卡纸水彩和水粉画。《火鸟》戏装的式样,1945年,伊达·夏加尔档案资料。

第86页右 《狩猎》,纸面铅笔淡彩和水粉画,《火鸟》戏装的草图,1945年,伊达·夏加尔继承之遗产。

第87页左 《剧中人物》,纸面铅笔淡彩和水粉画,《火鸟》戏装的草图,1945年,伊达·夏加尔继承之遗产。

第87页右 夏加尔站在《火鸟》布景前作画,伊达·夏加尔档案资料。

第88页 《革命》的草图,1937年,私人收藏。

第89页 《克兰贝里湖》,1943年,私人收藏。

第90页 《婚礼之光》,1945年,美术画廊,苏黎世。

第91页上 用法文出版的贝拉·夏加尔所著的《点燃之光》的封面,夏加尔用以赠给女儿伊达。伊达·夏加尔继承之遗产。

第91页下 尾花,取材《一千零一夜》,万神殿出版社,纽约,1948年,伊达·夏加尔档案资料。

第92—93页 《一千零一夜》插图,出处同上,伊达·夏加尔继承之遗产。

第94页上 《镜中世界》的封面,对夏加尔的评述,66—68期,1954年,埃梅·麦埃特出版。

第94页中 夏加尔和弗吉妮娅在奥热瓦尔的宅邸前,1948—1949年,维利·迈瓦尔德摄影。

第94页下 夏加尔和儿子戴维,伊娜·邦迪摄影。

第95页 《夜景》,1947年,普希金美术馆,莫斯科。

第96页上 《埃菲尔铁塔》,色粉画和纸面铅笔上色画,1953年,私人收藏。

第96—97页 夏加尔回顾展目录的封面图,

布鲁塞尔和阿姆斯特丹，1956—1957年。

第97页上　夏加尔在自己的住宅中，安茹河滨街，1958—1959年，《生活》画报，卢米·迪昂摄。

第98页　《长着蓝色翅膀的挂钟》，1949年，伊达·夏加尔继承之遗产。

第99页左　《美人鱼与诗人》，纸面水粉画，1960年，伊达·夏加尔继承之遗产。

第99页右上　夏加尔和泰里阿德在旺斯"山冈"别墅，约1951年，伊达·夏加尔档案资料。

第99页右中　20世纪50年代夏加尔和瓦瓦在旺斯的"山冈"别墅，维利·迈瓦尔德摄影，伊达·夏加尔档案资料。

第99页右下　伊达·夏加尔和弗朗茨·迈耶1952年在旺斯结婚时留影，伊达·夏加尔档案资料。

第100页上　《瓦瓦的肖像画》，1966年，私人收藏，巴黎。

第100页下　瓦莲京娜·布罗茨基，伊达·夏加尔档案资料。

第101页　《星期天》，1952—1954年，国立现代美术馆，1988年收藏，巴黎。

第102—103页　《雅各的梦》，1960—1966年，国立马克·夏加尔《圣经信息》美术馆。

第104页　《大卫》，1962年，私人收藏。

第105页　《拔示巴》，1962年，私人收藏。

第106页上　《亚伯拉罕和三天使》，1960—1966年，国立马克·夏加尔《圣经信息》美术馆。

第106页中　马尔罗、夏加尔和瓦瓦合影，伊达·夏加尔档案资料。

第107页上　《散步》，1961年，陶瓷花瓶，伊达·夏加尔继承之遗产。

第107页中　《太阳》，瓷盘，1951年，私人收藏，巴塞尔。

第107页下　夏加尔与毕加索在圣让·卡普·费拉泰里阿特的家中，约1948年，伊达·夏加尔档案资料。

第108页左上　《幻觉》，1962年，陶瓷花瓶，伊达·夏加尔继承之遗产。

第108页右上　20世纪50年代夏加尔在马杜拉工场，瓦洛里，伊达·夏加尔档案资料。

第108页下　《大卫王》，大理石雕，40厘米×28.5厘米×4厘米，1973年，伊达·夏加尔继承之遗产。

第109页左上　《女人－公鸡》，大理石雕，1952年，伊达·夏加尔继承之遗产。

第109页右上　夏加尔在叙斯铸造厂，伊达·夏加尔档案资料。

第109页下　《幻想的走兽》，青铜雕塑，1957年，伊达·夏加尔继承之遗产。

第110页　《雅各的梦》和《摩西在火棘前》，梅斯大教堂的两扇彩绘玻璃窗，1962年。

第111页　《亚伯拉罕的祭献》和《雅各与天使的搏斗》，出处同上。

第112页左　梅斯大教堂彩绘玻璃画《祖先：亚伯拉罕、雅各和摩西》的草图，纸面铅笔、墨水和水粉画，伊达·夏加尔继承之遗产。

第112—113页　《夏娃与蛇》和《亚当与夏娃被逐出伊甸园》，梅斯大教堂的彩绘玻璃画。

第113页右上　夏加尔和他的孩子们，比埃、迈莱和贝拉于1961年在兰斯参观耶路撒冷哈达沙医疗中心的犹太教堂彩绘玻璃画展，伊达·夏加尔档案资料。

第114页左　亚述圣洗教堂彩绘玻璃画《飞向烛台的天使》的草图，纸面炭条、铅笔、色粉笔和墨水画，1956年，伊达·夏加尔继承之遗产。

第114页右　《生命之树》或《和平》，萨尔堡市科尔德利埃小教堂彩绘玻璃画的草图，纸面上粘贴和水彩画，1976年，伊达·夏加尔继承之遗产。

第115页上　《奥菲士》，1959年，私人收藏。

第115页下　夏加尔和他的小外孙比埃在旺斯他的画室中，伊达·夏加尔档案资料。

第116页　《堂吉诃德》，1974年，伊达·夏加尔继承之遗产。

## 见证与文献

**第117页** 1957年夏加尔在旺斯的《画室》前（1910年）。

**第118页** 贝拉和夏加尔在革命年代，伊达·夏加尔档案资料。

**第119页** 《在桥上》，纸面墨水画，用作《点燃之光》的插图，以色列博物馆。

**第120页** 《生日》，出处同上。

**第122页** 《我的一生》中的插图：《妈妈在炉前》，纸面墨水画，1911年，用于1931年的版本，斯托克出版社。

**第124页** 《在咖啡馆》，纸面墨水画，1911年，出处同上。

**第125页** 夏加尔，约1910年，伊达·夏加尔档案资料。

**第127页** 《我的一生》插图：公鸡。

**第130页** 《如果我的太阳闪出光芒》，夏加尔诗作手稿，1945—1950年，伊达·夏加尔继承之遗产。

**第131页** 阿波利奈尔，法国国立图书馆，巴黎。

**第135页** 1942年夏加尔在纽约的画室，伊达·夏加尔档案资料。

**第138页** 库蒂里埃尔神父、雅克·马里坦和夏加尔于1950年在奥热瓦尔合影，伊达·夏加尔档案资料。

**第139页** 《亚伯拉罕遵照上帝的命令准备杀死自己的儿子》，《圣经》第十幅铜版画，腐蚀版和干刻版，伊达·夏加尔继承之遗产。

**第141页** 《对着撒拉哭泣的亚伯拉罕》，《圣经》第十一幅铜版画，伊达·夏加尔继承之遗产。

**第142页** 夏加尔与夏尔·马克及其妻子布里吉特在兰斯的西蒙工场，当时正为梅斯大教堂制作彩绘玻璃画。

**第143页** 夏加尔为耶路撒冷哈达沙医疗中心的教堂绘制彩绘玻璃画《坦宗族》，1961年兰斯西蒙工场。

**第144页上** 夏加尔在检查巴黎古柏林织造工场编织锦画（地毯）的情况，供耶路撒冷议会大厦之用。

**第144页下** 夏加尔在古柏林织造工场检查《创世记》织锦画（地毯）的编织情况，供耶路撒冷议会大厦之用。

**第146页** 在古柏林织造工场制作歌剧院天顶画的最初几个步骤，约1963年。

**第147页** 1957年夏加尔在旺斯。

**第148页** 《无题》（杂技场中的公鸡），纸面中国墨水、彩色铅笔和水彩画。

**第149页** 1958—1959年夏加尔与戴维一起在旺斯为法兰克福剧院绘制壁画时的情景，《法兰西日报》富尔诺尔摄，伊达·夏加尔档案资料。

**第151页** 《鲜花》，纸面中国水墨画，私人收藏。

**第153页** 1958—1959年夏加尔在旺斯"山冈"别墅，伊达·夏加尔档案资料。

**第154页** 《杂耍演员》，纸面中国水墨上彩画，1955年，私人收藏。

**第155页** 《无题》，皱纹纸面水粉画，1978年，私人收藏，伊达·夏加尔继承之遗产。

**第156页** 1961年夏加尔在兰斯马克的工场为哈达沙医疗中心绘制彩绘玻璃画。

# 图片授权

（页码为原版书页码）

Angel-Sirot, Paris 85b. Archives Ida Chagall 11, 12, 13g, 13d, 14h, 14b, 15hg, 15hd, 16h, 16b, 17h, 18b, 19h, 20-21h, 20b, 21b, 22g, 22d, 23h, 24g, 26h, 28, 29h, 29b, 30b, 31h, 31b, 32b, 33, 34, 35, 36b, 37h, 37m, 38g, 38d, 39h, 39b, 40d, 41h, 42h, 42m, 42b, 43, 44, 45,46h, 46b, 47g, 47d, 47m, 48-49, 50b, 51h, 51b, 52g, 52d, 52b, 53, 55h, 55b, 56, 57h, 57b, 58-59, 60-61h, 60g, 60d, 61g, 61d, 63, 65h, 67h, 67b, 68dh, 68db, 70m, 71g, 71d, 72, 74, 75hg, 75hd, 78h, 78b, 79b,

82m, 82b, 91, 93, 94h, 94b, 95b, 96-97h, 96b, 97, 98g, 98d, 99g, 99d, 100, 101, 102, 103h, 103b, 104, 105, 106g, 106d, 106b, 107, 108h, 108-109, 109h, 110, 111g, 111h, 111m, 111b, 112g, 112d, 113,114-115, 116, 117, 118h, 118b, 119h, 119m, 120hg, 120hd, 120b, 121hg, 121hd, 121b, 124b, 125hd, 126hb, 126hd, 127h, 127b, 128, 130, 131, 132, 134, 135, 137, 138, 141, 142, 146, 148, 149, 151, 159, 160-161, 163, 165, 166. Archives Photo, Paris 129, 158. Bildarchiv Preussischer Kulturbesitz, Berlin 37b, 64m, 65b, 88h. Bibliothèque nationale de France, Paris 144. Charmet, Jean-Loup, Paris 18m. Chicago Art Institute 90, 92. DR 26b, 70b, 75b, 76, 77, 81h. Explorer/Peter Willi 88b, Gallimard/R. Parry 81m. Gallimard/F. Foliot, 23m, 23b, 24d, Giraudon 1er plat de couv., 73, 122, 123, 124-125h. Guggenheim Museum, New York dos de couv, 30h. Izis, Paris 1, 2-3, 4-5, 6, 7, 8-9, 152, 153,154, 155, 156-157, 164, 167. Musée national d'Art moderne, Paris 15b, 25h, 36h, 40g, 54h, 62, 83, 86-87, 88-89h. Museum of Modern Art, New York 32h, 82h. Morain André 10. Musée Boymans van Beuningen, Rotterdam 80. Musée de Nagoya 69. Oeffentliche Kunstsammlung / Martin Bühler, Bâle 95h. Ostier, André 2e plat de couv. Philadelphia Museum of Art 27. Rapho/Silvester, Paris 118m. Réunion des musées nationaux, Paris, 84h. Roger-Viollet, Paris 17b. 18h, 19b, 25b, 41b, 50h, 54b, 64h, 66, 70h, 79h, 81b, 84b, 91. Stedelijk Museum, Amsterdam 68g. Tel-aviv Museum of Art 85h.

# 致谢

L'auteur et les éditions Gallimard remercient Meret Meyer, qui leur a donné accès aux archives Ida Chagall; Bella Meyer Simonds; Michel Brodsky; Sylvie Forestier, conservateur du Musée national Message biblique Marc Chagall, à Nice, Didier Schulmann, conservateur au Musée national d'art moderne, à Paris ; Léonard Gianadda, de la fondation Pierre Giannada, à Martigny; Solange Thierry, de la revue L'Œil, à Paris; M$^{me}$ Bidermanas; André Fourquet ; Marianne Sarkari.

# 原版出版信息

**DÉCOUVERTES GALLIMARD**
COLLECTION CONÇUE PAR Pierre Marchand et Élisabeth de Farcy.
COORDINATION ÉDITORIALE Anne Lemaire.
GRAPHISME Alain Gouessant.
COORDINATION ICONOGRAPHIQUE Isabelle de Latour. SUIVI DE PRODUCTION Natércia Pauty.
PRESS Béatrice Foti assistée de François Issaurat.

**CHAGALL, IVRE D'IMAGES**
ÉDITION Delphine Babelon. ICONOGRAPHIE Meret Meyer, Delphine Babelon et Bénédicte Bouhours.
MAQUETTE Ewald Graber. LECTURE-CORRECTION François Boisivon et Catherine Lévine.

## 图书在版编目（CIP）数据

夏加尔：醉心梦幻意象的画家 /（法）丹尼尔·马切索（Daniel Marchesseau）著；周梦罴译. -- 北京：北京出版社，2025.2

ISBN 978-7-200-16116-8

Ⅰ.①夏… Ⅱ.①丹…②周… Ⅲ.①夏加尔（Chagall, Marc 1887—1985）—传记 Ⅳ.① K835.655.72

中国版本图书馆 CIP 数据核字（2021）第 008991 号

| 策 划 人：王忠波 向 霁 | 责任编辑：王忠波 高 琪 |
|---|---|
| 责任营销：猫 娘 | 责任印制：燕雨萌 |
| 装帧设计：吉 辰 | |

## 夏加尔
醉心梦幻意象的画家
XIAJIA'ER

[法] 丹尼尔·马切索 著 周梦罴 译

| 出 版： | 北京出版集团 |
|---|---|
| | 北京出版社 |
| 地 址： | 北京北三环中路 6 号  邮编：100120 |
| 总 发 行： | 北京伦洋图书出版有限公司 |
| 印 刷： | 北京华联印刷有限公司 |
| 经 销： | 新华书店 |
| 开 本： | 880 毫米 ×1230 毫米 1/32 |
| 印 张： | 5.5 |
| 字 数： | 178 千字 |
| 版 次： | 2025 年 2 月第 1 版 |
| 印 次： | 2025 年 2 月第 1 次印刷 |
| 书 号： | ISBN 978-7-200-16116-8 |
| 定 价： | 68.00 元 |

如有印装质量问题，由本社负责调换
质量监督电话：010-58572393

著作权合同登记号：图字 01-2023-4217

Originally published in France as :

*Chagall: Ivre d'images* by Daniel Marchesseau

©Editions Gallimard, 1995

Current Chinese translation rights arranged through Divas International, Paris

巴黎迪法国际版权代理